중국 복식사 도감

류용화 지음 | 김효진 옮김

AK TRIVIA BOOK

5장 칼럼 -복식은 문화의 문을 여는 패스워드-

1 장

상고~전국 시대

상고(기원전 1600년 이전)
은대(기원전 1600~기원전 1046년)
서주 시대(기원전 1046~기원전 771년)
춘추 시대(기원전 770~기원전 476년)
전국 시대(기원전 475~기원전 221년)

'여모음혈(茹毛飮血, 짐승의 날고기를 먹고, 그 피를 마시는 원시의 생활)'이라는 말이 나타내듯, 태고의 사람들은 의복을 사용하지 않고 겨울에는 짐승의 털가죽, 여름에는 나뭇잎이나 풀을 엮어 몸에 걸침으로써 추위와 더위를 견뎠다. 남송의 화가 마린(馬麟)이 그린, 중국의 시조라 일컫는 복희(伏羲)의 초상에서도 위에는 사슴의 털가죽을 걸치고 아래에는 표범의 털가죽을 두른 모습을 볼 수 있다.

(1)　(2)　(3)

▲ 뼈바늘

산정동인(山頂洞人)은 약 1만 3,000년 전에 이미 추위를 막기 위해 털가죽을 꿰매어 입을 수 있는 뼈바늘을 사용했다.

(1) 1930년 베이징시 저우커우뎬의 산정동인 주거 유적에서 출토된 뼈바늘

(2) 허난성 정저우시의 쌍괴수 유적에서 출토된 뼈바늘

(3) 저장성 샤오산의 신석기 시대 유적에서 출토된 뼈바늘

◀ 청옥 목걸이

상하이시 칭푸의 량주 문화 유적(신석기 시대)에서 출토된 청옥 목걸이. 현대의 목걸이와 큰 차이가 없어 보인다.

▼ 도제(陶製) 장화

칭하이성 러두현의 신석기 시대 후기(기원전 1400년경) 유적에서 출토. 눈 올 때 신는 현대의 장화와 거의 동일하다.

▲ 누에 모양의 상아 조각

허난성 정저우시 쌍괴수 유적에서 출토. 이 출토품을 통해 중국의 선조가 일찍이 양잠 기술을 습득하고 명주실로 옷을 지어 입었다는 것을 추정할 수 있다. 중국에서는 은·주 시대부터 상의하상(上衣下裳, 윗옷과 치마)이라는 전통적인 복식 양식을 완성했다.

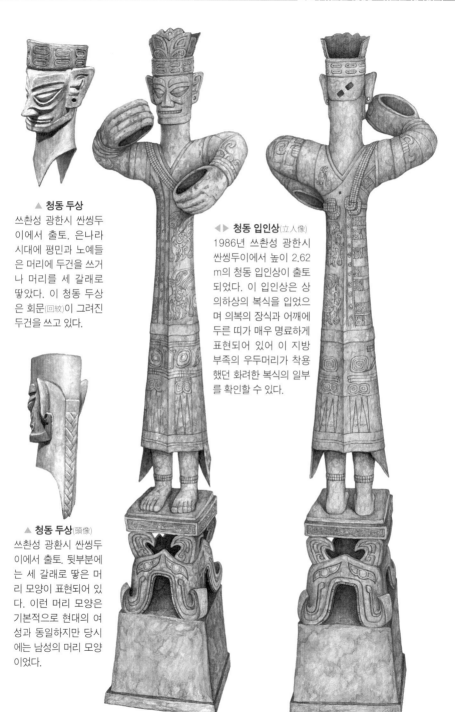

▲ 청동 두상

쓰촨성 광한시 싼씽두이에서 출토. 은나라 시대에 평민과 노예들은 머리에 두건을 쓰거나 머리를 세 갈래로 땋았다. 이 청동 두상은 회문(回紋)이 그려진 두건을 쓰고 있다.

◀▶ 청동 입인상(立人像)

1986년 쓰촨성 광한시 싼씽두이에서 높이 2.62 m의 청동 입인상이 출토되었다. 이 입인상은 상의하상의 복식을 입었으며 의복의 장식과 어깨에 두른 띠가 매우 명료하게 표현되어 있어 이 지방 부족의 우두머리가 착용했던 화려한 복식의 일부를 확인할 수 있다.

▲ 청동 두상(頭像)

쓰촨성 광환시 싼씽두이에서 출토. 뒷부분에는 세 갈래로 땋은 머리 모양이 표현되어 있다. 이런 머리 모양은 기본적으로 현대의 여성과 동일하지만 당시에는 남성의 머리 모양이었다.

◀ **옥인상**(玉人像)
미 하버드대학교 포그미술관에 수장된 은대의 옥인상. 이 옥인상은 현재까지 중국 최고(最古)의 복식 양식을 명료히 보여주는 조각상이다.

▲ **옥인상**
허난성 안양시 은허의 부호(婦好) 묘에서 출토. 이 옥인상은 왼쪽의 포그미술관에 수장된 조각상과 같은 상의하상의 복식 양식과 은대 귀족의 관(冠, 현대의 모자)을 쓰는 풍습을 분명히 확인할 수 있다(p.99 참조).

▲▼ **뼈 비녀**
허난성 안양시 은허에서 출토. 여성이 머리에 꽂았던 장식품이다.

▲ **옥 빗**
허난성 안양시 은허의 부호 묘에서 출토. 은대 여성이 사용했던 수면(獸面) 문양이 새겨진 옥 빗이다. 당시의 기술로 옥 빗에 이런 문양을 새기는 것은 매우 어려운 일이었다.

◀ **옥패**
허난성 안양시 은허에서 출토. 반룡문(蟠龍紋)이 새겨진 이 옥패는 귀족 남성이 의복에 매달았던 장신구의 일종이다.

▼ 손에 든 도끼 형태의 무기는 월(鉞)이라고 불렸으며, 청동으로 만들어졌다. 이 그림은 허난성 안양시 부호 묘에서 출토된 실물을 바탕으로 했다. 당시 월은 이미 무기에서 군사적인 권력의 상징으로 변화했다.

▶ 머리에는 갈포(葛布)로 만든 높은 관을 썼다.

▼ 평민은 천을 꼬아 둥글게 만든 것을 머리 위에 얹었다. 손에 든 톱니 형태의 낫은 돌을 연마해 만들었다.

◀ 은나라 시대의 사람들은 모두 흰 옷을 입었다. 염색 기술이 발달하지 않은 데다 염료도 귀했기 때문에 대부분의 사람들은 염색하지 않은 삼베로 만든 의복밖에 입을 수 없었다.

▼ 윗옷의 길이는 평민의 옷보다 약간 길고, 옷깃과 소매는 붉은색 직물로 가선을 둘렀다.

▲ 허리에는 폭이 넓은 천 띠를 둘렀다.

▶ 복부 앞쪽에 드리운 도끼 모양의 천 장식은 귀족의 신분을 나타내는 것으로, 훗날 문헌에도 자주 등장하는 '폐슬(蔽膝)'이다. 폐슬의 문양은 중국 고궁박물원에 수장된 은나라 시대 옥과(玉戈)에 부착되어 있던 비단의 뇌문(雷文)을 바탕으로 그렸다.

▲ **은대 귀족 남성의 복장**
(포그미술관에 수장된 옥인상을 바탕으로 했다.)

▲ **은대 평민 남성의 복장**
(쓰촨성 광한시 싼씽두이에서 출토된 청동 인물상을 바탕으로 했다.)

◀ 발에 신은 도제 신은 칭하이성 러두현 신석기 시대 유적의 출토품을 바탕으로 그렸다.

서주 시대의 복식은 은대의 상의하상 제도를 답습했으나
비단의 방직 기술이 발달하면서 상류 계급의 의상은 은대
보다 화려해졌다. 또 북방 민족의 영향을 받아 복식 양식에
도 변화가 나타나기 시작했는데 남녀 모두 옥을 사용한 패
식(佩飾)을 중시하게 되었다. 곤면(袞冕) 제도도 서주 시대에
규범이 탄생하고 완성되었다.

◀ 옥인상
산시성 린펀시 곡옥
현에서 출토된 서주
시대의 옥인상. 머리
에는 윗부분이 뾰족
한 고관을 쓰고 허리
앞쪽에는 폐슬을 드
리웠다. 귀에 착용한
귀걸이와 착의로 볼
때 귀족 여성의 복장
으로 여겨진다.

▲ 담황색 갈(褐, 거친 모직물) 장의
1992년 신장 웨이얼 자치구 산산현의 수
바시 묘에서 출토. 서주 시대에 서역 사람
들은 중원 지방의 복장과 달리 현대의 코트
와 같은 긴 포(袍, 위아래가 하나로 된 겉옷)를 입
었다(p.101 참조).

▶ 굴대비녀
허난성 뤄양시에서 출토된 청동제
굴대비녀(수레 축 양끝에 꽂는 쇠)를 보면
서주 시대의 복장이 여전히 상의하
상 형식이었음을 알 수 있다. 다만,
머리에 쓴 관은 이미 은대의 것과는
완전히 다른 것을 볼 수 있다.

▼ 갈색 모직물로 만든 앞여밈 장포
1985년 신장 타림분지의 자룬루커 고분군
에서 출토된 것으로, 소맷부리와 밑단에 붉
은색 모직물로 가선을 둘렀다. 이 장포는
현대의 망토와 매우 유사하다.

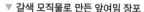

◀ 옥인상
뤄양시 동부에서
출토된 옥인상. 머
리 양옆으로 돌출
된 장식은 여성의
비녀일 것이다. 의
복은 청동제 굴대
비녀에 표현된 인
물상과 같이 방령
으로 된 상의에 허
리 앞쪽에는 폐슬
을 드리웠다. 이 옥
인상은 귀족 여성
을 표현한 것으로
추정된다.

▶ 연결 옥패
이 서주 시대의 연결 옥패는 허난성 진춘에서 출토된 실물을 바탕으로 했다.

▲ 옥 패식
허난성 핀딩산에서 출토. 서주 시대에 귀족 부인이 착용했던 옥패이다. 춘추 시대의 실물(p.14)과 비교하면 위쪽의 목걸이 부분이 부족하다는 것을 알 수 있다.

▼ 옥정련(玉頂鏈)
허난성 산먼샤에서 출토. 서주 시대 괵국 군주의 부인이 착용했던 옥제 목걸이이다.

◀ 칠황(七璜) 옥패
산시성 한청에서 출토. 서주 시대 소국(小國)의 왕이 가슴 앞쪽에 걸었던 이 옥패는 일곱 개의 패옥을 연결해 만든 것으로 황제의 옥패에 버금가는 고급 장신구였다.

▶ 머리는 상투를 틀고 고관(高冠)을 썼다.

▶ 윗옷의 자수 문양은 산시성 바오지시 여가장(茹家庄) 묘에서 출토된 진흙 표면에 부착되어 있던 자수 문양의 압흔을 바탕으로 했다.

◀ 서주 시대의 변경 민족 사이에서는 첨정모(尖頂帽, 윗부분이 뾰족한 형태의 모자)가 유행했다. 이 모직물로 만들어진 32.7cm의 첨정모는 신장 타림분지의 자룬루커 고분군에서 출토된 것으로, 오늘날 피에로가 쓰는 원뿔형 모자보다 높이가 더 높다.

▶위에는 앞섶이 오른쪽으로 올라오는 방령(方領, 네모난 맞깃이 달린 상의) 장의를 입고 아래에는 치마를 착용했다. 허리에는 폭이 넓은 띠를 두르고 그 아래에는 폐슬을 드리웠으며 양손으로 옥기를 들었다.

◀ 발에는 가죽 장화를 신었다.

▶ **서주 시대 귀족 남성의 복장**
(뤄양 서주 묘에서 출토된 청동제 굴대비녀를 바탕으로 했다.)

▲ **서주 시대의 변경 민족 남성의 복장**
(신장에서 출토된 장포와 첨정모 등의 실물을 바탕으로 했다.)

▲ 삼베 신은 후베이성 당양시에서 출토된 실물을 바탕으로 했다.

▲ 금제 팔찌와 의복 장식
산시성(陝西省) 한성시 예국 묘에서 출토. 춘추 시대 여성이 착용했던 금제 팔찌와 의복 표면에 달았던 금제 장식품이다.

▲ 옥조(玉彫) 두상
허난성 신양시 광산현의 황군맹 부부 묘(춘추 시대 초기)에서 출토. 이 옥제 두상에서는 남성의 머리 모양을 분명히 확인할 수 있다. 머리를 틀어 올린 후 끈으로 묶은 듯 보인다. 또 양쪽 관자놀이 부분에는 둥글게 말린 머리칼을 늘어뜨렸다.

▲ 옥제 대구(玉帶鉤)
산시성(陝西省) 바오지시 익문춘의 춘추 묘에서 출토. 오리 머리 모양으로 만들어진 옥제 대구(帶鉤, 허리띠를 고정하는 데 쓰는 금속 고리)이다.

▲ 금제 대구
산시성 바오지시 익문춘의 춘추 묘에서 출토. 물새 머리 모양으로 만들어진 대구로, 춘추 시대 남성 귀족의 허리띠에 달았던 대구이다.

▲ 채색 목용
후난성 창사시 초대 묘에서 출토. 여성의 곡거(曲裾, 옷자락이 비스듬히 재단되어 몸에 감듯이 착용하는 형태) 심의(深衣, 상하의가 연결된 형식의 의복)의 모습이 매우 생생하게 묘사되어 있다.

▷ 여성의 머리 모양

춘추 시대에는 남녀의 머리 모양에도 분명한 차이가 나타났다. 허난성 신양시 광산현의 황군맹 부부 묘에서는 머리를 높이 틀어 올리고 나무 비녀를 꽂은 여성의 머리 모양이 그대로 남아 있었다.

▷ 귀에는 옥 귀걸이를 늘어뜨리고 목에는 네 개의 반원형 옥과 네 개의 노리개를 구슬로 꿰어 엮은 옥패를 착용했으며 허리에는 새 문양이 투조된 옥패에 구슬꿰미를 늘어뜨린 장식을 드리웠다. 이 세 점의 장신구는 산시성(山西省) 취춘 유적의 북조 진후(晉侯) 묘에서 출토된 유물을 바탕으로 했다.

춘추 시대
귀족 여성의 복장 ▷

(후난성 등의 초대 묘에서 출토된 목용[木俑, 나무 인형]과 백화[帛畫, 비단 그림]를 바탕으로 했다.)

◁ 머리 모양은 허난성 신양시 광산현 황군맹(黃君孟) 부부 묘의 황군맹 부인의 머리 모양을 바탕으로 했다. 여성은 머리를 높이 틀어 올리고 뼈 비녀를 꽂았다. 뼈 비녀는 허난성과 산시성 등의 은·주대 묘에서 다수의 실물이 출토되었다.

◁ 곡거 심의는 후난성 창사시에서 출토된 채색 목용을 바탕으로 했다. 상하의 가장자리에 댄 붉은색 장식의 문양은 산시성(陝西省) 한성시 예국(芮国) 묘에서 출토된 견직물의 문양을 바탕으로 했다.

◀ 백화 '인물용봉도'

후난성 창사시 진가대산의 초대 묘에서 출토. 춘추전국 시대가 되면 상의하상의 전통이 북방 민족의 영향을 받아 상하의가 하나로 연결된 '심의(深衣)'라고 불리는 장의의 형태로 바뀌었다. 여성용 심의는 옷자락이 비스듬히 재단된 '곡거'라고 불리는 디자인이 인기가 있었다. 이 그림은 곡거 심의를 착용한 귀부인의 모습이다.

▲ 백화 '인물어용도'(人物御龍圖)'

후난성 창사시 자탄고 초대 묘에서 출토. 이 그림은 심의를 입은 남성 귀족의 모습으로, 백화 '인물용봉도(人物龍鳳圖)'와 함께 전국 시대의 뛰어난 회화 작례의 하나로 꼽힌다.

◀ 남성 인물상 촛대

허베이성 스자좡시 핑산현의 중산국왕 묘에서 출토. 이 인물상은 귀족 계급의 화려한 의복이 세부까지 충실히 표현되어 있다.

▲ 동인상

허베이성 바오딩시 이현의 연하도 유적에서 출토. 이 남성 동인상에는 평민의 복식이 표현되어 있다. 다른 여러 자료에 따르면, 당시의 평민 남성은 무릎길이의 심의를 착용해 무릎 아래쪽을 드러냈으며(p.18 참조) 아래쪽에 따로 치마를 입지 않았다.

전국 시대에는 신분에 따라 복장을 구분하는 복식 제도가 날로 엄격해졌다. 귀족의 복장은 고급 직물을 사용했을 뿐 아니라 문양도 화려하고 의복의 형태도 평민과 분명한 차이가 있었다.

(1)

(2)

◀▲ **풀솜 포** (袍)

후베이성 징저우시 장링현의 마산 1호 초대 묘에서 출토.

(1)은 남성용, (2)는 여성용 포의 그림이다. 표면에 연속된 봉황 문양이 들어간 여성용 포는 옷감도 훌륭하고 자수 장식에도 화려하고 우아한 풍취가 있다.

▲ **가죽 이**

후난성 창사시 자탄고 초대 묘에서 출토. 이 남성용 신은 윗면, 옆면, 바닥의 세 부분으로 나뉜다. 윗면과 옆면은 무두질한 부드러운 가죽으로 만들었으며 바닥은 빳빳하고 두꺼운 가죽을 사용했다. 재단 방법과 형태가 오늘날의 남성용 로퍼와 매우 유사하다.

▲ **칠리** (漆履)

고대에는 낮은 신을 '이(履)'라고 불렀다. 이것은 후베이성에서 출토된 비단 칠리로 귀족 남성이 신던 것이었다. 표면은 능형문(菱形紋)이 그려진 비단으로 만들었으며 바닥과 앞코에는 두껍게 흑칠을 해 물이 새지 않도록 했다.

▶ **금관식**(金冠飾)
네이멍구 자치구 항진치 아루차이덩에서 출토. 관 윗부분의 당당한 자태의 매 장식은 터키석을 조각해 만든 머리 부분과 황금으로 만든 몸체 부분으로 이루어져 있다. 흉노족 우두머리가 썼던 관식으로 추정된다.

▲ **첨정모**(尖頂帽)
신장 웨이우얼 자치구 산산현 수바시 묘에서 출토. 전국 시대의 서역 민족이 사용한 윗부분이 뾰족한 모자이다. 아래쪽 본체는 검은색 펠트를 사용했으며 막대 모양의 윗부분은 흑갈색의 가는 털실을 엮어 만들었다.

▶ **옥소**(玉梳)
허베이성 스좌장시 핑산현의 중산국왕 묘에서 출토. 이 옥제 머리빗에는 두 마리의 봉황을 투조한 장식이 새겨져 있다.

▲ **옥패**
산둥성 취푸시 노고성 전국 묘에서 출토. 이런 종류의 옥패는 서주 시대부터 시작되어 전국 시대에는 귀족의 지위를 나타내는 장신구로 쓰이게 되었다.

▶ **목걸이**
허베이성 스좌장시 핑산현에서 출토. 관 모양으로 만든 마노(瑪瑙)를 엮은 목걸이로 전국 시대의 여성 귀족이 착용한 장신구였다.

견면모
후베이성 징저우시 장링현의 마산 1호 초대 묘에서 출토. 전국 시대 여성이 썼던 모자로, 복식사 서적에서는 '책(幘)'이라고 부르기도 한다. 책은 고대의 남성용 모자로, 여성용 모자도 책이라고 불렸는지는 아직 그것을 뒷받침할 만한 충분한 자료가 발견되지 않은 상태이다.

◀ **금제 귀걸이**
네이멍구 자치구 항진치 아루차이덩의 전국 묘에서 출토.

▶ 심의(深衣)는 허베이성 스좌장시 핑산현의 중산국왕 묘에서 출토된 촛대의 남성 인물상을 바탕으로 했다. 의복 문양 등의 장식은 후베이성 징저우시 장링현의 마산 1호 초대 묘에서 출토된 용호문(龍虎紋) 금포의 디자인을 바탕으로 했다.

◀ 남성이 쓴 관은 진시황릉 군리용(軍吏俑)의 관을 바탕으로 했다. 표면의 문양은 후베이성 징저우시에서 출토된 견면모(絹面帽)의 채색 문양을 바탕으로 했다.

▼ 평민 남성의 심의와 머리 모양은 허난성 진춘에서 출토된 동인상(銅人像)을 바탕으로 했다.

◀ 전국 시대 평민 남성의 복장

▶ 허리에 드리운 옥패는 산둥성 취푸시의 전국 묘에서 출토된 실물을 바탕으로 했다.

▶ 허리띠의 문양도 후베이성 징저우시 장링현의 마산 1호 초대 묘에서 출토된 견직물을 바탕으로 했다. 대구는 허난성 후이셴시에서 출토된 금양옥감유리(金嵌玉鑲瑠璃) 은제 대구를 바탕으로 했다.

◀ 남성은 손에 청동 낫을 들고 있다.

▶ 전국 시대 귀족 남성의 복장

▲ 발에 신은 이(履)는 후베이성에서 출토된 금면칠리(錦面漆履)를 바탕으로 했다.

▲ 가죽으로 만든 이는 후난성 창사시에서 출토된 실물을 바탕으로 했다.

갑옷과 투구는 전투를 위한 의복이다. 고대인들은 모두가 병사였기 때문에 갑옷 안쪽에 착용하는 의복은 당시 남성의 일상복이었다. 또 갑옷과 투구는 고대 무기의 일종이지만 몸에 걸치는 것이기 때문에 복식에 포함된다.

(1)

(2)

▲ 청동 투구
고대의 장병은 머리를 방어하는 '투구(冑)'를 썼다. 그 대부분이 청동제로 출토된 예도 비교적 많다. 이 2점의 투구는 장시성 신간현 대양주(1), 허난성 안양시(2) 은대 묘에서 출토된 실물을 바탕으로 했다.

◀ 가죽 투구의 압흔
원시의 투구는 대부분 가죽으로 만들어졌다. 가죽은 쉽게 썩기 때문에 은대의 가죽 투구는 발견되지 않았다. 다만 1935년 허난성 안양시의 은대 묘군에서 진흙에 부착된 옻칠한 가죽의 압흔이 발견되었다. 그 압흔의 면적과 형태로 판단하면 가죽 투구의 일부일 가능성이 높다. 이 그림은 현장에서 그린 당시의 압흔이다.

▶ 청동 갑주
서주 시대에 청동 조각을 엮어서 만든 갑주가 출현했다. 이 그림은 충칭 지방의 파인(巴人, 충칭에 할거한 고대 민족) 묘에서 출토된 청동 갑주를 바탕으로 했다.

▲ 청동 투구
서주 시대의 투구는 대부분 청동으로 만들었으며, 기본적으로 표면에는 문양을 넣지 않았다. 베이징시 창핑에서 출토된 서주 시대의 투구는 윗부분의 투조 장식 이외에는 아무 문양도 새겨져 있지 않고 간소하다.

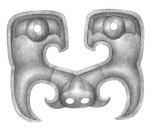

◀ 청동 흉갑
산둥성 자오저우시 서황고암 유적의 서주 묘에서 출토된 청동 흉갑이다. 이 흉갑을 가죽 갑옷 표면에 붙여 방어 효과를 한층 높였다.

춘추전국 시대는 중국 역사서에 기록된 최초의 전란의 시대로 대규모 전쟁이 끊이지 않고 발발했다. 전쟁은 무기와 갑주 등의 생산 기술을 향상시키는 동시에 사람들의 복식에도 영향을 미쳤다.

▶ **가죽 장화**

목이 긴 장화는 말을 타기에 매우 적합했다. 이 그림은 신장 타림분지의 자룬루커 고분군에서 출토된 가죽신으로, 무두질한 가죽이 사용되었으며 곡선을 이루며 접힌 앞코 부분이 가지런히 꿰매어져 있다.

▲▶ **청동 갑옷**

윈난성 장촨현 리자산(李家山) 묘에서 출토. 청동으로 만든 가슴과 등을 보호하는 갑옷의 일부로 표면에는 우미한 장식이 새겨져 있다.

◀ **청동 투구**

네이멍구 자치구 츠펑시 닝청현에서 출토. 전국 시대의 청동 투구로 표면은 서주 시대의 투구와 마찬가지로 장식이 없고 소박한 형태이다.

◀▼ 가죽 갑옷

고고학자가 2년 넘게 후베이성 쑤이현의 전국 묘에서 출토된 가죽 갑옷의 미늘을 엮어 완전한 복원에 성공했다. 붉은색 명주실로 미늘을 엮은 이 갑주는 금속 거푸집에 눌러서 제조하는 기술을 이용해 만들어졌다.

▶ 은제 인물상

허난성 뤄양시 진춘에서 출토. 이 은제 인물상은 복식사에서 중요한 의미를 갖는 '호복기사(胡服騎射)'의 개혁 이후에 등장한 심의고장(深衣袴裝) 양식을 보여준다. 이 무사는 다리에 '행전(行纏)'이라고 불린 각반을 착용한 듯 보인다.

◀ 흉노의 바지

은나라 시대에 전쟁에는 주로 마차가 사용되었으며 춘추전국 시대가 되자 점점 더 많은 마차가 전투에 투입되면서 많은 나라들이 마차의 수로 그 나라의 군사력을 판단했다. 하지만 마차를 몰려면 노면의 상황을 고려해야 하기 때문에 험준한 산지는 기마에 적합지 않았다. 그런 이유로 변경 지역의 한(漢) 민족은 유목 민족인 흉노가 말을 자유자재로 다루는 모습을 보고 배우고자 했지만 심의하상(深衣下裳)의 복장으로는 말을 타기 힘들었기 때문에 기마에 숙달되려면 가장 먼저 복장의 개혁이 필요했다. 특히 치마를 바지로 바꾸는 것이 중요했다. 이 바지는 몽골 노인 울라의 흉노 묘에서 출토된 것으로 현대의 운동복 바지와 형태가 매우 유사하다(p.108 참조).

2장

진대~수대

진대(기원전 221~기원전 207년)
한대(기원전 206~220년)
위진 시대(220~420년)
남북조 시대(420~589년)
수대(581~618년)

진시황제는 중국을 통일한 후 각국의 뛰어난 제도를 도입해 법률, 언어, 도량형 등의 많은 제도를 통일했는데 거기에는 엄격한 복식 제도도 포함되어 있었으며 그것이 진·한 시대 복식 문화 발전의 기초가 되었다.

'오덕종시설(五德終始說)'을 신봉한 시황제는 진의 '물'이 주의 '불'을 멸했다고 생각했다. 또한 물이 검은색에 해당한다고 하여 검은색을 중시했다. 그리고 주나라 때의 여섯 가지 면관을 없애고 검은색 관만을 귀히 여겼다고 한다.

진대 황제의 복식은 전란으로 실물이 소실되었기 때문에 대부분 후세의 추측에 의한 것이지만 진대 복식의 주목할 점으로 당시 군인의 복장을 들 수 있다.

◀ **병사용**

진나라 병사의 머리 모양은 상투를 트는 것뿐이었지만 틀어 올린 상투의 형태는 다종다양했다.

▲ **어인용**

군의 소리(小吏)는 일반 병사와 마찬가지로 상투만 틀고 관이나 모는 쓰지 않았다. 이 인물상은 진시황릉에서 출토된 어인용으로 고증에 따르면 군내에서 말의 관리를 담당하던 소리의 상이라고 한다.

▶ **대구**

진나라 병사의 모양으로 만든 청동 대구이다. 이 대구의 디자인은 진시황릉 병마용에서도 볼 수 있다.

▼ **군리용**(軍吏俑)

진나라 군대의 중급 장교는 개관(介冠) (1)을 썼으며 하급 장교는 무관(武冠) (2) 또는 모를 썼다. 이 무관은 한대의 출토품을 참조하면 칠을 한 사(紗)로 만든 '칠사관(漆紗冠)'이었을 것으로 추정된다.

(1)   (2)

▲ **편제**(偏诸)

머리를 땋을 때 끈으로 감싸며 형태를 잡는데 이 끈을 '편제(偏诸)'라고 칭했다.

▶ 장군은 높은 백관(帛冠)을 쓰고 관영(冠纓, 관의 끈)을 턱 아래에서 묶었다.

▶ 진군은 장군부터 병사에 이르기까지 군복이 거의 통일되어 있었다. 즉, 위에는 심의를 입고 아래에는 바지를 입는 기본 형식을 바탕으로 유일하게 구별되는 것은 관과 모, 바닥이 낮은 신(이, 履)과 목이 긴 장화의 차이였다.

▶ 허리에는 두 줄의 띠를 둘렀는데 하나는 의복을 고정하기 위한 것이며 다른 하나는 장검을 차기 위한 것이었다. 띠를 고정하는 대구는 산시성(陝西省) 바오지시 진대 묘에서 출토된 금제 대구를 바탕으로 했다. 두 줄의 허리띠는 모두 견직물로 만들어졌다. 허리띠의 문양, 의복, 바지, 신의 형태는 물론 그 문양과 색조는 모두 진시황릉에서 출토된 1호 동차마의 마부용을 바탕으로 했다.

▶ 진대 고급 장교의 복식
(진시황릉에서 발굴된 장군용 및 동차마의 마부용을 바탕으로 했다.)

◀ 진대 하급 관리의 복식
(진시황릉 순장갱에서 출토된 말을 관리하는 하급 어인용 [圉人俑]을 바탕으로 했다.)

▲ 가죽제 이 (履)
신장 웨이우얼 자치구 뤄푸현 삼품 고분군의 한대 묘에서 출토. 어린아이가 신는 가죽신으로, 지금의 샌들과 같은 형태이다. 시대 구분은 진대에서 한대에 걸친 시기로 추정된다.

◀ **화상석**(畵像石)
산둥성 린이시 이난현의 한대 묘에서 출토. 이 화상석에 새겨진 면복(冕服)을 입은 제왕은 황제의 면복이 표현된 가장 오래된 그림이다.

▶ **시녀용**(侍女俑)
이 한대의 시녀용은 추계로 땋은 머리에 곡거 심의를 착용했다. 추계는 전한 시대에 유행한 머리 모양이다.

◀ **백화상**
마왕퇴 한대 묘에서 출토된 백화에는 전한 시대 귀족 여성의 모습이 그려져 있었다. 이 여성은 곡거 형태의 포를 착용했으며 머리는 뒤쪽에서 추계로 땋았다. 후난성 창사시 마왕퇴 한대 묘의 발굴 성과로 한대 여성의 복식 자료가 한층 완전해졌다.

◀ **대관목용**(戴冠木俑)
한대의 복식 자료는 진대보다 풍부하다. 후난성 창사시의 마왕퇴 한대 묘에서 출토된 장관(長冠)을 쓴 목용은 나기(羅綺, 얇은 능직 비단)로 지은 포를 착용하고 있다. 폭이 넓은 소매의 심의와 장관을 쓴 모습이 전한 시대 사대부의 전형적인 복식이다.

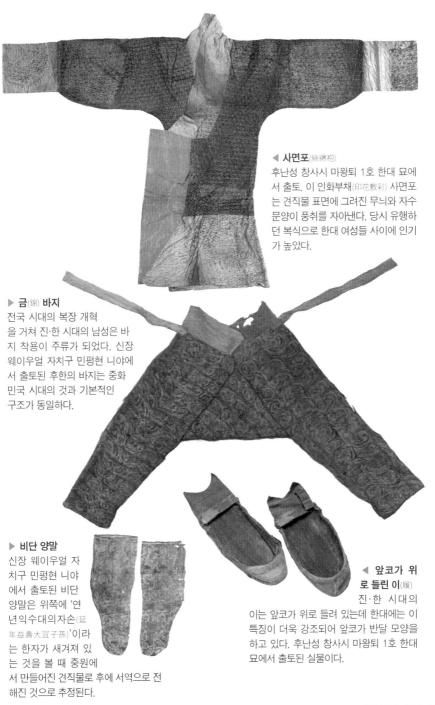

◀ **사면포**(絲綿袍)
후난성 창사시 마왕퇴 1호 한대 묘에서 출토. 이 인화부채(印花敷彩) 사면포는 견직물 표면에 그려진 무늬와 자수 문양이 풍취를 자아낸다. 당시 유행하던 복식으로 한대 여성들 사이에 인기가 높았다.

▶ **금**(錦) **바지**
전국 시대의 복장 개혁을 거쳐 진·한 시대의 남성은 바지 착용이 주류가 되었다. 신장 웨이우얼 자치구 민펑현 니야에서 출토된 후한의 바지는 중화민국 시대의 것과 기본적인 구조가 동일하다.

▶ **비단 양말**
신장 웨이우얼 자치구 민펑현 니야에서 출토된 비단 양말은 위쪽에 '연년익수대의자손(延年益壽大宜子孫)'이라는 한자가 새겨져 있는 것을 볼 때 중원에서 만들어진 견직물로 후에 서역으로 전해진 것으로 추정된다.

◀ **앞코가 위로 들린 이**(履)
진·한 시대의 이는 앞코가 위로 들려 있는데 한대에는 이 특징이 더욱 강조되어 앞코가 반달 모양을 하고 있다. 후난성 창사시 마왕퇴 1호 한대 묘에서 출토된 실물이다.

◀ 무사상
무관이 쓰는 커다란 사관(紗冠)은 '무변대관(武弁大冠)'이라고 불렸다. 산둥성 린이시 이난현 한대 묘의 화상석에 새겨진 무사의 관은 간쑤성 우웨이시에서 출토된 실물과 비교하면 기본적으로 외형이 동일하다는 것을 알 수 있다.

▶ 문관상
문관이 쓰는 사관은 당·송 시대의 빳빳한 복두(幞頭)와 비슷하며 관 오른쪽에는 모필을 꽂아 조정에서 의사를 기록할 때 사용했다. 포복(袍服)은 무관과도 동일한 형태로 소매 통이 넓은 심의와 통이 넓은 바지를 입었다.

◀ 농부용
쓰촨성 메이산시 펑산의 애묘(崖墓)에서 출토. 이 한대의 농부용은 머리에 입(笠)을 쓰고 통소매에 길이가 짧은 윗옷을 착용했다. 신은 신지 않고 허리에는 삭도를 찼으며 손에는 키나 가래 등의 농기구를 들고 있다.

▲ 사관
후난성 창사시 마왕퇴 3호 묘에서 출토된 칠사관으로, 중국의 가장 오래된 오사모(烏紗帽)이다.

◀ 사리(絲履)
신장 웨이우얼 자치구 누란 고성 유적에서 출토된 앞코가 둥근 비단 이(履). 표면은 무늬가 없는 견직물로 만들었으며, 한대 여성도 이렇게 앞코가 둥근 이를 신었다.

▶ 옥대과

산시성(陝西省) 시안시 건장궁(建章宮) 유적에서 출토. 철을 뼈대로 사용한 용수문(龍首文) 옥대과로, 조각의 문양과 제작 기술이 매우 정교하고 세련되었다.

◀ 머리 장식

후난성 창사시 마왕퇴 한대 묘에서 출토된 여성의 머리 모양, 그리고 머리에 꽂혀 있었던 목제 장식품.

▼ 머리 모양

산시성(陝西省), 후난성 등에서 출토된 여용(女俑)의 머리 모양.
(1) 쌍환계(双鬟髻), (2) 추계(椎髻), (3) 수계(垂髻)

(1)

(2)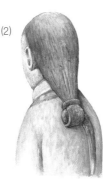

(3)

◀ 청동대과

전한 시대의 웅형(熊形) 대과로, 청동을 단련해 만들었으며 터키석을 상감했다. 작은 곰 모양이 천진하고 사랑스럽다.

▶ 이 포(袍)는 신장 웨이우얼 자치구 위리현 바인궈링 몽골 자치주 잉판 유적 15호 묘에서 출토된 유물을 바탕으로 했다. 이런 붉은색 바탕에 인수수문(人獸樹紋)이 그려진 계포(罽袍, 모직물로 지은 포)는 무척 귀중한 것으로, 한대 초기에는 황제가 착용을 금했을 정도였다. 이 포는 계(罽) 원단이 부족했는지 왼쪽 앞섶의 가장자리 부근과 양쪽 소매 부분에는 문양이 다른 같은 색 또는 유사한 색조의 원단이 사용되었다(p.111 참조).

▶ 심의 위에 두른 허리띠의 옥제 대구는 광시 좡족자치구 베이하이시 허푸현의 출토품을 바탕으로 했다. 허리띠에 매단 백어(帛魚)는 귀족이 착용했던 장신구로 신장 웨이우얼 자치구 위리현의 출토품을 바탕으로 했다.

▶ 심의 안에는 통이 넓은 바지를 입었다. 전한 시대에 진대의 바지 자락을 묶어 입는 통이 넓은 바지를 '대소(大袑)'라고 칭했다. 후한 시대가 되면 바지 자락을 묶지 않게 되었는데 그 형태는 오늘날 여성들이 입는 와이드 팬츠와 동일하다.

▼ 머리에 쓴 칠사관은 간쑤성 우웨이시에서 출토된 실물을 바탕으로 했다.

▼▼ 여성의 머리 모양은 추계(椎髻)로, 산시성 등에서 출토된 도용(陶俑)을 바탕으로 했다.

▼ 금옥 귀걸이와 마노 목걸이는 네이멍구 자치구 어얼둬쓰시 준거얼기의 출토품을 바탕으로 했다.

▼ 새끼손가락에 착용한 금제 지갑투(指甲套, 손톱 덮개)는 지린성 위수현 노허심춘의 출토품을 바탕으로 했다. 이것은 현존하는 가장 오래된 지갑투로, 전한 시대부터 귀족 여성들이 손톱을 길게 기르는 풍습이 있었다는 것을 나타낸다.

▼ 풀솜으로 지은 곡거 형태의 포는 후난성 창사시 마왕퇴(馬王堆) 한대 묘에서 출토된 갈색 나(羅)에 '장수(長壽) 자수'가 수놓아진 포를 바탕으로 했다. 허리에는 같은 묘에서 출토된 유물을 바탕으로 그린, 기(綺)에 대조능문(対鳥菱文)이 그려진 향낭을 매달았다.

◀ 전한 시대 귀족 여성의 복장

후한 시대 ▶ 귀족 남성의 복장

▶ 발에는 앞코가 위로 들린 이(履)를 신었다. 이것은 후난성 창사시 마왕퇴 한대 묘에서 출토된 이를 바탕으로 했다.

◀ 산도(山濤)
장쑤성 난징시의 동진 묘에서 출토된 화상전(畫像磚)에 그려진 '죽림칠현'의 한 사람. 위진 시대 문인의 복식은 아관박대(峨冠博帶, 높은 관과 넓은 띠)와 관의대수(寬衣大袖, 넉넉한 옷과 큰 소매)를 귀히 여겼다.

서진이 멸망한 후, 중국 북부는 갈(羯), 저(氐), 강(羌), 흉노(匈奴), 선비(鮮卑)의 다섯 개 소수민족과 한족에 의한 16개국이 차례로 통치하는 이른바 '5호 16국' 시대가 되었다. 이 시기의 복식은 호복의 깊은 영향을 받았다.

◀ 남성 시용(侍俑)
위진 시대의 의복은 민간부터 귀족에 이르기까지 모두 호복의 영향을 받았다. 장쑤성 쉬저우의 위진 묘에서 출토된 이 남성 시용은 품이 좁은 상의와 폭이 넓은 원통 형태의 바지를 입고 있다. 진·한 시대 남성 복식의 흐름을 잇고 있지만 호복의 특징이 한층 강해진 이런 의복을 '고습(袴褶)'이라고 칭했다.

(복원)

(실물)

▲ 간색군
(間色裙)
신장 웨이우얼 자치구 위리현 잉판 묘에서 출토. 흰색과 붉은색 옷감을 번갈아 이어 붙이고 허리 부분에는 가는 주름을 잡아 아래로 갈수록 폭이 넓어지는, 현대의 플리츠스커트와 동일한 형태이다.

▲ 제왕의 면복(冕服)
위진 시대에는 복식의 등급 제도가 더욱 엄격해졌다. 호인의 유입은 한족의 의복에 큰 영향을 미치며 새로운 복식 양식을 다수 탄생시켰다. 제왕의 면복도 이 무렵 기본적인 형식이 정해졌다. 이 그림은 '역대제왕도(歷代帝王圖)'에 묘사된 진 무제 사마염의 모습으로 후세 면복의 규범이 되었다.

◀ 목극(木屐)
위진 시대에 중국 남부에서는 바닥 부분의 앞뒤에 굽을 단 나막신을 신는 것이 유행했다. 이 목극은 1984년 안후이성 마안산시의 주연(朱然) 묘에서 출토된 것으로 현대 일본의 게다(下駄)와 비슷하다.

◀ **두건을 쓴 여성 인형**
장쑤성 난징에서 출토. 위
진 시대 여성의 전형적인
복식이다. 품이 좁고 짧은
상의에 폭이 넓고 긴 치마
를 착용한 전통적인 상의
하상 형식은 이 무렵부터
서서히 여성의 복식 양식
으로 정착했다.

▲ **반소매 상의**
신장 웨이우얼 자치구 누란에서 출토. 이 여성 상
의는 품이 좁고 끝동에는 폭이 넓은 주름 장식을
달았다. 팔을 들면 치마처럼 주름이 펼쳐진다.

◀ **여사잠도**(女史箴图)
동진 시대의 화가 고개지(顾恺之)가 그린 여성의 복장은
두건을 쓴 여성 인형의 복장과 동일하지만 폭이 넓은 소
매와 통소매라는 차이점이 있다.

(1)

(2)

▲ **직성리**(织成履)**와 가죽 반장화**
이 직성리(1)는 신장 웨이우얼 자치구 투루판시 아
스타나 묘에서 출토되었다. 또 신장 웨이우얼 자치
구 니야현 정절국 귀족 묘(니야 유적)에서 출토된 가
죽 반장화(2)는 목이 길지 않은 장화 형태로 직성리
와 마찬가지로 당시 여성용 신의 특징을 보여주며
둘 다 정교하고 화려하게 만들어졌다.

▲ **향낭**
신장 웨이우얼 자치구 위리현 잉판 묘에서 출토.
진대 여성이 몸에 지녔던 향낭으로 노란색과 녹색
비단을 이어 붙여 만들었으며 가장자리는 금으로
장식했다.

◀ **금 귀걸이**
산시성(山西省)
다퉁시의 대위(大
魏) 묘에서 출토.

▲ **대구와 띠 장식**
네이멍구 자치구 허린거얼현 별피요춘에서 출토.
도금한 대구에는 옥석 등을 상감한 멧돼지 문양
이 새겨져 있다. 남성용 허리띠의 장식품이다.

▶ **쌍아계**(双丫髻)를
한 시녀
장쑤성 창저우시에서
출토된 화상전에 그려
진 시녀의 모습.

▶ **금제 보요**
(步搖)
라오닝성 차오양
시의 서진 시대 모
용 선비 묘에서 출
토. 여성의 관식으
로 시대 구분은 위
진부터 남북조에
걸친 시기이다.

◀ **징을 박은 동제 도금 신의 밑창**
징을 박은 동제 도금 신의 밑창: 지린성 지안시 고
구려 고묘에서 출토. 중국 동북부에 위치한 고구려
에서는 눈길이나 빙판길을 걸을 때 미끄러지지 않
도록 이런 식으로 밑창에 징을 박은 장화를 신었다.
시대 구분은 위진부터 남북조에 걸친 시기이다.

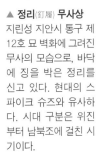

▲ **정리**(釘履) **무사상**
지린성 지안시 통구 제
12호 묘 벽화에 그려진
무사의 모습으로, 바닥
에 징을 박은 정리를
신고 있다. 현대의 스
파이크 슈즈와 유사하
다. 시대 구분은 위진
부터 남북조에 걸친 시
기이다.

▶ **위추계**(중世쌍髻)**를 한**
여성 인형의 머리 부분
허난성 뤄양시에서 출토. 위
로 묶은 머리를 살짝 늘어뜨
려 머리 장식을 꽂았다. 이런
머리 모양은 '위추계'라고 불
렸다. 시대 구분은 위진부터
남북조에 걸친 시기이다.

◀ **아빈계**(鴉鬢髻)**를 한 여성 시용**
북조 시대에 여성의 머리 모양은 크게 변화했다. 이 시용은
장쑤성 난징시의 육조 묘에서 출토된 것으로, 양 끝부분이
위를 향해 뻗은 커다란 가발을 썼다. 이런 종류의 머리 모양
은 '아빈계'라고 불렸다. 시대 구분은 위진부터 남북조에 걸
친 시기이다.

▼ 머리에 쓴 갑(帢)은 후베이성 우한시 서커우에서 출토된 도용의 머리 부분을 바탕으로 했다.

전체적인 모습은 쉬저우 박물관에 수장된 위진 시대의 채색 도용을 바탕으로 했다.

▶ 교령 형식의 통소매 상의를 착용했으며 가장자리의 문양은 신장 웨이우얼 자치구 민펑현의 후한 묘에서 출토된 '안락여의장수무극문(安乐如意长寿无极文) 비단'을 바탕으로 했다.

▶ 손에 든 주미(麈尾)는 간쑤성 주취안시의 16국 시대 묘실에 그려진 벽화를 바탕으로 했다. 주미의 형상은 일본 정창원에 수장된 당대의 실물을 바탕으로 그렸다.

▶ 허리에는 폭이 넓은 비단 띠를 둘렀다. 띠 장식과 대구(帶鉤, 허리띠를 고정하는 장치가 있는 장식물)의 모양은 허난성 뤄양시 진대 묘에서 출토된 실물을 바탕으로 했다. 당시 유행하던 스타일이다.

▼ 머리를 묶고 천으로 덮은 형상은 난징시 중화문 외곽의 육조 묘에서 출토된 여성 인형을 바탕으로 했다.

◀ 상의의 가선과 소매 그리고 두건에서 볼 수 있는 남색 바탕의 마름모 무늬는 신장 웨이우얼 자치구 뤄푸현 삼풀 묘에서 출토된 비단 옷의 자수와 문양을 바탕으로 했다.

◀ 상의의 디자인은 신장 웨이우얼 자치구 차르클리크의 누란 고성 묘에서 출토된 '장수의(長袖衣)'를 바탕으로 했다. 주름치마는 신장 웨이우얼 자치구 뤄푸현 삼풀 묘에서 출토된 모직 치마를 바탕으로 했다.

▲ **서진 시대 남성의 복장**　▲**동진 시대 여성의 복장**

▲▶남녀가 신은 이(履)는 신장 웨이우얼 자치구 투루판시의 아스타나 진대 묘에서 출토된 실물을 바탕으로 했다. 위진 시대에는 입구가 얕고 앞코가 둥근 이가 유행했다. 남성은 '강지사리(绛地丝履, 붉은색 비단으로 만든 이)'를 신고 여성은 '부도창의후왕천연명장(富且昌宜侯王天延命长)'이라는 글자가 새겨진 비단 이를 신었다.

(복원)

(실물)

▶ 시종용

허베이성 츠현의 동위 묘에서 출토. 이 시종용은 윗옷을 '좌임(左衽, 왼섶이 안으로 들어가게 입는 방식)'으로 입었는데 이는 호복의 주요한 특징으로 남북조 시대 남성의 의복은 모두 좌임이 주류였다.

◀ 무사용

산시성(山西省) 타이위안시의 루예(婁叡) 묘에서 출토. 커다란 소매가 달린 상의는 품이 크지 않은 형태의 상의를 착용했다. 아래에는 통이 넓은 바지를 무릎 아래에서 묶어 입었는데 이를 '박고(縛褲)'라고 칭했다. 허리에는 대구가 달린 띠를 두르고 머리에는 작은 관을 썼다.

▲▲ 비단 바지

신장 웨이우얼 자치구 투루판시의 아스타나 장훙(張洪) 묘에서 출토. 공들여 만든 이 비단 바지의 가랑이 부분은 남색 견직물 안쪽에 흰색 사(紗)를 덧댔다.

▶ 비파를 뜯는 십자계

(十字髻)를 한 여성 인형

산시성(陝西省) 셴양시의 16국 시대 묘에서 출토.

▶ 금룡 목 장식

네이멍구 자치구 북조 묘에서 출토. 이 장식품은 북위 시대 남성 귀족의 장신구였다.

▶ 머리에 쓴 작은 평건책(平巾幘)은 남북조부터 수·당 시대까지 유행했다.

▼ 머리는 높이 솟은 비천계(飛天髻)를 하고 앞쪽에서 여미는 넓은 소매가 달린 상의를 입었다. 상의의 문양은 신장 웨이우얼 자치구 투루판시의 아스타나 묘에서 출토된 '금수포도문(禽獸葡萄文)' 자수를 바탕으로 했다.

▶ 교령 형식의 커다란 소매가 달린 상의를 왼섶이 안으로 들어가게 입었다. 문양은 신장 웨이우얼 자치구 투루판시의 아스타나 묘에서 출토된 왕자귀갑문(王字龜甲文) 비단을 바탕으로 했다.

◀ 위진 남북조 시대에 귀족 남녀는 모두 얼굴에 백분을 바르고 눈썹을 그리고 입술연지를 바르는 등 화장에 공을 들였다. 또 이마는 옅은 노란색으로 칠했는데 이는 '액황'이라고 불리는 당시의 유행하던 화장법이었다.

◀ **남북조 시대 귀족 여성의 복장**

◀ 금제 귀걸이는 허베이성 딩저우시에서 출토된 실물을 바탕으로 했다.

▶ 허리에 두른 검은색 가죽 띠에는 금제 대구와 원형 고리 장식이 있다. 지린성 지안시 우산 묘와 산성 묘에서 출토된 실물을 바탕으로 했다.

◀ 손에 든 도금 단지는 닝샤후이족 자치구 구위안시의 북조 시대 이현(李賢) 묘에서 출토된 실물을 바탕으로 했다.

◀ 오른쪽 중지에는 붉은색 보석을 상감한 금 반지를 끼고 왼쪽 손목에는 금팔찌를 착용했다. 이것은 신장 웨이우얼 자치구 위리 및 지린성 지안시에서 출토된 실물을 바탕으로 했다.

▶ 아래에는 통이 넓은 바지를 입고 무릎 아래에서 붉은색 비단 띠로 묶었다.

◀ 옷깃과 소매에 두른 가선은 신장 웨이우얼 자치구 위리현 잉판 묘에서 출토된 '인물수면조수문(人物獸面鳥樹文) 비단'의 문양을 바탕으로 했다.

▲ 앞코가 뾰족한 신 바닥에는 도금한 징을 박았다.

▲ **남북조 시대 남성의 복장**

▲ 치마는 신장 웨이우얼 자치구 위리현 잉판 묘에서 출토된 주름치마를 바탕으로 했다. 허리에 두른 폭이 넓은 비단 띠의 문양은 신장 웨이우얼 자치구 투루판시의 아스타나 묘에서 출토된 '연주능문(連珠菱紋)' 비단을 바탕으로 했다.

▲ 발에 신은 채사리(彩絲履, 비단 색실로 만든 이)는 신장 웨이우얼 자치구 위리현 잉판 묘에서 출토된 실물을 바탕으로 했다.

◀ 문관
수 왕조 문관의 복식으로, 허난성 뤄양시의 수대 묘에서 출토된 도용을 바탕으로 했다. 머리에 쓴 농관(籠冠)은 한대의 칠사관이 발전된 것이며 관 안쪽의 상투를 고정한 소관은 남북조 시대에 유행한 평건책(平巾幘)이다. 소매통이 넓은 삼과 바지도 남북조 시대의 남장을 답습했다.

수 왕조의 건국으로 위진 남북조 시대의 오랜 분열 상태는 막을 내리고 중국은 다시 통일을 이루었다. 수대 초기에는 복식 제도가 포함된 새로운 법률이 공포되었다.

▶ 둔황 벽화
통이 넓은 바지는 진·한 시대에 남성의 의복으로 정착한 후 수·당 시대까지 문무관부터 서민에 이르기까지 널리 착용되었다. 이 그림은 통이 넓은 바지를 입은 수 황제의 가신으로 둔황 벽화에 그려져 있던 인물이다. 상의는 '양당삼(裲襠衫)'이라고 불리는 것으로 남북조 시대에는 양당개(裲襠鎧) 안에 착용하던 것이었으나 수·당 시대가 되면 무관의 의복이 된다.

▶ 금제 목걸이
산시성(陝西省) 시안시의 이정훈 묘에서 출토. 이정훈은 수 왕조의 낙평공주의 외손으로 9세에 세상을 떠났다. 이 목걸이는 보석을 박아 호화롭게 만들어졌다.

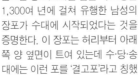

◀ 결고포(缺胯袍)
1973년 허난성 안양시 수대 묘에서 출토된 장포(長袍)를 입은 이 도용은 1,300여 년에 걸쳐 유행한 남성의 장포가 수대에 시작되었다는 것을 증명한다. 이 장포는 허리부터 아래쪽 양 옆면이 트여 있는데 수·당·송대에는 이런 포를 '결고포'라고 칭했다. 머리에는 '복두(幞頭)'라고 불리는 당·송 시대에 유행한 관을 썼다.

▶ 여성은 고계(高髻)를 하고 금관을 썼다. 이 금관은 산시성(陝西省) 시안시의 이정훈(李靜訓) 묘에서 출토된 금관 장식을 바탕으로 했다. 또 통소매에 옷깃을 젖힌 긴 의복을 걸쳤는데 그 문양은 신장 웨이우얼 자치구 투루판시 아스타나에서 출토된 호왕견타문(胡王牽駝文) 비단을 바탕으로 했다. 젖힌 옷깃과 소맷부리에는 둔황에서 출토된 북위 시대 자수문금(刺繡文錦)의 문양이 들어가 있다.

▶ **남성**
머리에는 수대에 '평두소양(平頭小樣)'이라고 불린 복두를 쓰고 목둘레가 둥글게 틘 곡령결고포(缺胯袍)의 위쪽 단추를 풀어 옷깃을 젖혀 입었다. 이것은 당시 유행하던 착의였다.

▶ 허리에 찬 접섭대(蹀躞帶), 금제 장식, 버클은 닝샤후이족 자치구 구위안시의 수대 묘에서 출토된 실물을 바탕으로 했다. 가죽 띠의 장착 방법 및 늘어뜨린 방식은 둔황 벽화에 그려진 근신(近臣)의 모습과 허난성 안양시에서 출토된 무사용을 바탕으로 했다.

▶ 앞코가 뾰족하고 바닥이 평평한 목이 긴 장화를 신었다.

▶ **수대 귀족 남성의 복장**
(허난성 안양시에서 출토된 도용을 바탕으로 했다.)

◀ 젖힌 옷깃에 통소매 형태의 장의는 서역의 소수민족의 복장으로, 수대의 복식은 호복의 강한 영향을 받았다. 상의가 짧은 데 비해 치마의 길이는 무척 길어 가슴 부근에서 비단 띠를 묶어 착용했다. 오늘날 조선족 여성이 착용하는 전통 의상과 유사하다.

◀ 보석과 진주를 상감한 목걸이와 유리옥을 박아넣은 금팔찌는 모두 시안시 이정훈 묘에서 출토된 실물을 바탕으로 했다

◀ 장의 안에는 교령으로 된 짧은 삼(衫)을 입었다. 그 문양은 신장 웨이우얼 자치구 투루판시의 아스타나 묘에서 출토된 연주대공작귀자금(連珠対孔雀貴字錦) 문양을 바탕으로 했다.

◀ 주름치마를 착용했으며 가슴 부근에 두른 비단 띠의 문양은 신장 웨이우얼 자치구 허텐시에서 출토된 주황색 비단의 홀치기 염색 문양을 바탕으로 했다.

◀ **수대 귀족 여성의 복장**

▲ 여성이 신은 홀두리(笏頭履)는 안후이성 하오저우시에서 출토된 도제 이(履)를 바탕으로 했다. 앞코의 문양은 신장 웨이우얼 자치구 위리에서 출토된 금 구슬을 이용한 연주단과인동문(蓮珠団窠忍冬文) 자수의 일부를 바탕으로 했다. 표면은 둔황에서 출토된 북위의 자수 중 일부를 바탕으로 했다.

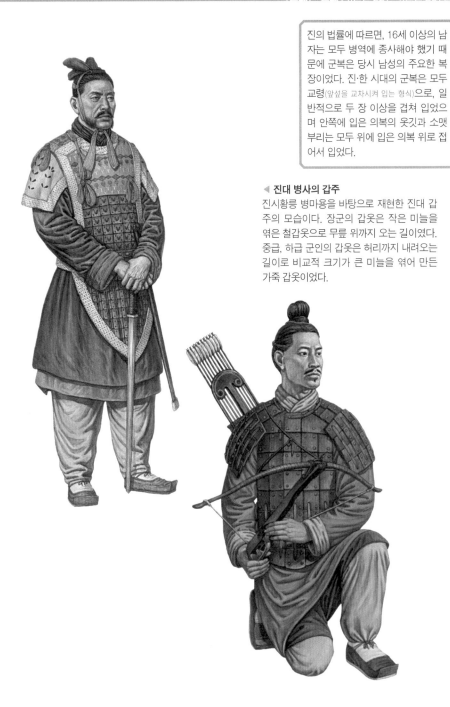

진의 법률에 따르면, 16세 이상의 남자는 모두 병역에 종사해야 했기 때문에 군복은 당시 남성의 주요한 복장이었다. 진·한 시대의 군복은 모두 교령(앞섶을 교차시켜 입는 형식)으로, 일반적으로 두 장 이상을 겹쳐 입었으며 안쪽에 입은 의복의 옷깃과 소맷부리는 모두 위에 입은 의복 위로 접어서 입었다.

◀ **진대 병사의 갑주**

진시황릉 병마용을 바탕으로 재현한 진대 갑주의 모습이다. 장군의 갑옷은 작은 미늘을 엮은 철갑옷으로 무릎 위까지 오는 길이였다. 중급, 하급 군인의 갑옷은 허리까지 내려오는 길이로 비교적 크기가 큰 미늘을 엮어 만든 가죽 갑옷이었다.

◀ **전투의**(戰鬪衣)

진대 전투의의 옷자락은 기본적으로 직선으로 재단되었으나 한대에는 여성용 곡거와 같이 삼각 형태로 만들어졌다. 아래에는 통이 좁은 바지 또는 각반을 착용했다. 이 그림은 한대의 장군이 착용했던 갑옷으로 장쑤성 쉬저우시 초왕릉에서 출토된 유물을 바탕으로 했다.

◀ **병마용**(兵馬俑)

한대의 군관은 가죽신을 신고, 병사는 풀을 엮어 만든 신을 신었으며 철제 갑옷을 착용했다.

▲ **철 투구**

후한 시대, 긴 미늘 조각을 엮어 윗부분이 뾰족한 형태의 철제 투구가 만들어졌다. 위쪽에는 깃털을 꽂아 장식했다. 이 그림은 랴오닝성 푸순시에서 출토된 후한 시대 철 투구의 실물을 바탕으로 했다.

▲ **철 투구**

산시성 시안시에서 출토된 실물을 바탕으로 했다.

▲ **제왕갑**(齊王甲)

전한 시대의 철제 갑옷은 다수 출토되었다. 이 그림은 산둥성 쯔보시 린쯔의 제왕 묘의 출토품을 바탕으로 그린, 금은으로 장식된 철제 갑옷이다. 철 조각에 금과 은을 마름모무늬가 되도록 붙인 후 붉은색 명주실로 엮은 무척 화려한 갑옷이다.

▶ **철갑옷**

장쑤성 쉬저우시 스쯔산 한대 묘에서 출토된 철제 갑옷을 바탕으로 했다.

▲▶ 철제 갑주

지린성 라오허선 유적의 후한 묘에서 출토.
위진 초기의 갑주는 기본적으로 이 형식을
답습했다. 이 갑주는 출토 당시 녹이 슬고
부식되어 있었기 때문에 연구를 거쳐 작성
한 복원도이다.

▲ 철 투구

랴오닝성 베이파오의
16국 묘에서 출토된 실
물을 바탕으로 했다.
이 철제 투구는 출토
당시 거의 완전한 형태
로 발견되었다.

◀ 무사용

허난성 박물관에 수장된 북위 시대의 무사
용이다. 이 무사용이 입은 '명광개(明光鎧)'는
가슴 앞쪽에 두 개의 둥근 철판을 댔다. '양
당개(裲襠鎧)'보다 고품질에 신체를 덮는 면
이 더욱 커졌다.

▲ 철 투구

허베이성 한단시 린장현 업남성 유적에서 출토된 실물을 바탕으로 했다. 이 투구는 장방형의 철 미늘을 엮어 만들었으며 윗부분이 뚫려 있다. 관모 위에 쓰고 끈으로 묶어 사용했을 것이다.

▲ 철 투구

허베이성 한단시 린장현 업남성 유적에서 출토된 실물을 바탕으로 했다. 이 투구의 상부는 네 장의 철 조각을 이어붙이고 그 위에 반구형 철 조각을 덮었다. 옆면과 뒷면의 아래쪽에는 미늘을 엮어 드리웠다.

▲ 방패를 든 무사용

허난성 뤄양시의 북위 시대 원소(元劭) 묘에서 출토. 남북조 시대에 거듭된 전란으로 무기와 갑옷의 제조 기술이 크게 진보하면서 다양한 종류의 철제 갑옷이 등장했다. 이 무사용이 착용한 '양당개(裲襠鎧)'는 남북조 시대의 갑옷이다.

▼ **무관용**

후베이성 우창시에서 출토. 머리에는 평건책을 쓰고 소매통이 넓은 상의 위에 직물(또는 가죽)로 만든 양당갑(裲襠甲)을 착용했으며 바지는 무릎 아래에서 묶었다. 이 복장은 수대 무관의 전형적인 관복이다. 이 도용은 긴 턱수염을 두 갈래로 나눠 땋았는데 이는 전례가 없는 형식이다.

▲ **명광개**(明光鎧)

남북조 시대에 등장한 갑옷으로, 수·당 시대에는 군대의 주요한 장비가 되었다. 수대의 명광개는 가죽과 철을 조합한 것이 많았다. 이 인형은 허난성 안양시의 장성(張盛) 묘에서 출토된 수대의 무사용이다. 명광개와 투구는 모두 가죽으로 만든 것을 모방했으며 가슴 앞쪽의 중요한 부분에는 철제 원형 방호구를 장착해 방어 기능을 강화했다.

▲ **수 군의 군복**

수 군의 군복은 남북조 시대의 형식을 계승했다. 장교는 통소매에 곡령 또는 교령 형태의 상의가 주류로, 겨울에는 둥글게 트인 옷깃을 완전히 여미고 바지를 입었다. 산시성(山西省) 타이위안시의 곡률철(斛律徹) 묘에서 출토된 군인용은 수 군복의 전형으로 머리에는 복두를 쓰고 앞섶이 직선으로 재단된 긴 의복을 착용했다.

3장

당대~원대

당대(618~907년)
오대십국 시대(907~979년)
송대(960~1279년)
요대(907~1125년) 서하시대(1038~1227년) 금대(1115~1234년)
원대(1271~1368년)

복두는 수대에 출현한 이후 당·송 시대에 인기를 누렸으며 원·명 시대의 관과 두건 등에도 계속해서 영향을 미쳤다. 당대의 복두는 평두소양(平頭小樣), 무가제왕양(武家諸王樣), 영왕북양(英王踣樣) 등의 다양한 형태가 유행했다.

▲ 보련도(步輦圖)

당대 초기의 복장은 수대를 답습했다. 황제의 예복은 당대의 화가 염입본(閻立本)이 그린 '보련도'에 매우 정확히 묘사되어 있다. 보련도에 그려진 당 태종은 원령으로 된 결고포 형식의 노란색 용포를 입고 머리에는 검은색 복두를 썼으며 허리띠를 두르고 장화를 신었다. 이런 용포는 수대에도 있었을 것으로 추정되지만 용포에 노란색을 사용한 것은 고조 때부터로 그 후에 노란색은 황제만 사용할 수 있는 색이 되었다.

▲ 부들 신

여성의 신은 다양한 종류가 있었다. 예를 들어 신장 웨이우얼 자치구에서 출토된 앞코가 위로 들린 이나 여의형 부들 신 등은 당시 여성들에게 인기가 있었다. 부들은 초본식물로, 상하이시 자딩에는 부들 신을 발명한 미녀의 전설이 전해진다.

▲ 삼베 신

당대의 남성은 대부분 '오피육합화(烏皮六合靴)'라고 불리는 목이 높은 장화를 신었다. 또 이나 삼베 신도 신었다. 이 그림은 신장 투루판시 아스타나 묘에서 출토된 것으로 지금의 샌들과 유사한 형태의 삼베 신이다.

▲ 당대의 관복

공복(公服)과 상복(常服)은 당대 초기와 후기가 크게 다르다. 전기의 양식은 산시성(陝西省) 셴양시 리취안현의 정인태 묘에서 출토된 채색 문관용에서 명확히 볼 수 있으며 그 형식은 수대의 관복을 답습한 것이었다.

▲ 남성 시종

영태공주(永泰公主) 묘의 묘실 석문에 선각된 남성 시종의 모습으로, 결고포를 입고 무가제왕(武家諸王) 복두를 썼다.

▶ 객사도(客使圖)

당대의 관복은 조복(朝服), 공복(公服), 상복(常服)으로 나뉜다. 이 그림은 산시성(陝西省) 셴양시 리취안현의 당대 이현 묘 벽화에 그려진 조복을 입은 문관의 모습으로, 머리에는 사관(紗冠)으로 덮은 평건책을 썼는데 이는 수대의 오랜 양식이다. 조복은 백관이 궁정에서 국가의 중요한 식전에 참가할 때 착용하는 관복이었다.

▼ 남장을 한 여성

설경(薛儆) 묘의 묘실 석관에 그려진 시녀의 모습으로, 남성용 호복을 입고 영왕북양 복두를 썼다.

▼ 공복, 상복

당대 중·후기의 공복과 상복은 당대의 회화를 통해 다수 볼 수 있다. 이 그림은 둔황 벽화에 그려진 후기 관복의 형태이다. 복두는 모자와 같이 높고 빳빳한 형태가 되었으며 뒤쪽에서 묶은 끈은 날개처럼 좌우로 뻗어 있다.

▲ 화장하는 삼채(三彩) 여용

일반 여성은 대부분 소매통이 좁은 짧은 상의와 허리선이 높은 치마를 입고 머리 모양은 고계가 주류였으며 때때로 두건을 썼다. 당대에는 개방적인 분위기가 넘치며 가슴 부근이 크게 파인 형태의 의복이 많았다. 이 그림은 목둘레가 크게 파인 상의를 입은 여성의 도용으로, 산시성(陝西省) 시안시에서 출토되었다.

▲ 남성 시종상

당대의 서민 남성은 대부분 목둘레가 둥글게 트인 원령(円領) 형태의 결고포에 복두를 썼다. 이는 당대 묘에서 출토된 다수의 도용과 벽화를 통해 실증되었다. 이 그림은 당대 묘 벽화에 그려진 남성 시종의 모습이다.

◀ 접섭대

네이멍구 자치구 쑤너터 우기에서 출토된 금제 수렵문(狩猎文) 접섭대이다. 띠 표면의 장식은 대과(帶銙)라고 불렸으며 대과 아래에는 고리를 달아 작은 띠를 매달았다. 그리고 그 끝에는 소지품을 매달아 휴대했다. 이런 형태의 벨트를 '접섭대'라고 칭했다.

▲ 화전

간쑤성의 둔황 벽화나 당대 회화 작품에는 다양한 형태의 화전이 그려져 있다. '매화장(梅化粧)'이라고도 불렸으며 위진 남북조 시대에 시작되었다.

▲ '쌍인시녀도(双人侍女圖)'에 그려진 쌍수계(雙垂髻)

쌍수계를 한 시녀가 그려진 이 당대의 회화 작품은 신장 웨이우얼 자치구 박물관에 수장되어 있다.

▲ 오만계(烏蠻髻)를 한 삼채 여용

산시성(陝西省) 시안시의 선우정회(鮮于庭誨) 묘에서 출토. 오만계는 원래 남부 소수민족의 머리 모양이었으나 당대 여성들에 의해 새로운 머리 모양으로 재탄생했다.

◀ 금제 빗

장쑤성 양저우시의 당대 묘에서 출토. 하늘을 나는 기락천(伎樂天, 안기를 연주하는 천인)이 새겨진 이 금제 빗은 여성의 머리를 장식하는 장신구로 사용되었다.

◀ 공양인(供養人)

당대의 여성 귀족들은 금소(金梳), 금계(金笄), 금채(金釵), 금잠(金簪) 등의 장신구로 머리를 장식했으며 이런 장신구에는 옥, 보석, 진주 등을 상감해 한층 화려하게 만들었다. 또 얼굴에는 화전(花鈿)을 붙이고 귀에는 금제 귀걸이를 늘어뜨렸으며 가슴 장식과 긴 주름치마를 착용하고 그 위에 화려한 긴소매 장의를 걸쳤다. 어깨에는 매우 얇은 사(紗) 소재의 긴 피백(披帛)을 드리웠다. 이 '도독부인태원왕씨예불도(都督夫人太原王氏禮佛圖)'는 둔황 벽화의 여성 공양인 중에서도 가장 큰 인물화로, 당시 귀족 여성의 복식을 사실적으로 묘사했다.

◀ 의계(義髻)
당대의 여성들은 고계를 선호했다. 운계(雲髻), 나계(螺髻), 반관계(反綰髻), 반번계(半翻髻) 등의 다양한 형태가 있었는데 모두 크고 높은 머리 모양이었다. 가발을 이용하거나 목제 의계(義髻)를 그대로 머리에 쓰기도 하면서 머리 모양은 한층 커졌다. 이 그림은 신장 웨이우얼 자치구 투루판시의 아스타나 묘에서 출토된 목제 의계의 사진을 바탕으로 했다.

◀ 사홍장(斜紅粧)
신장 웨이우얼 자치구 투루판시 아스타나 묘에서 출토된 도용으로, 얼굴 부분의 채색이 완전한 상태로 보존되어 있다. 얼굴에는 백분을 바르고 눈썹을 그린 후 입술연지를 발랐으며 이마에는 화전을 그려 넣었다. 그 밖에도 양쪽 입가에 '면엽(面靨)'이라고 불리는 붉은색 점을 찍고 관자놀이에는 '사홍'을 그렸는데 이 면엽과 사홍 모두 특별한 의미가 담겨 있는 화장법이다 (p.124-126 참조).

▲ 금옥 팔찌
산시성 시안시 하가춘의 당대 교창(窖藏)에서 출토. 금박을 붙인 후 짐승의 머리 모양을 새겼다.

관모 ▶
당대 초기의 관모는 '진덕관(進德冠, 또는 진현관[進賢冠])'이라고 칭했다. 이 그림은 산시성(陝西省) 셴양시 리취안현의 이적 묘에서 출토된 실물로, 현존하는 가장 오래된 관모이다.

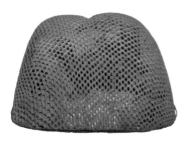

◀ 건자(巾子)
이 그림은 신장에서 출토된, 대오리를 엮어 만든 당대의 건자이다. 복두에는 다양한 형태가 있었는데 우선, 머리를 틀어 올린 후 빳빳한 '건자'를 씌워 토대를 만들고 그 위를 네모난 천으로 덮은 후 앞뒤를 묶어 복두의 형태로 만들었다.

당대 문관의 복장
(산시성[陝西省] 셴양시 리취안현의 정인태[鄭仁泰] 묘에서 출토된 문관용을 바탕으로 했다.)

대나무 장대는 일본 정창원에 수장된 당대의 출토품을 바탕으로 했다.

▲ 대나무 장대를 든 당대 여성의 복장

◀ 비파를 뜯는 당대 여성의 복장

◁◁◁ 장대를 든 여성

남성용인 통소매 결고포의 옷깃을 젖혀 입고 머리에는 영왕북양(英王踏樣)의 복두를 썼다. 이것은 당대에 유행한 호복을 입고 남장한 여성의 모습으로 시안시 설경(薛儆) 묘의 묘실 석곽에 새겨진 그림을 바탕으로 했다.

허리에는 붉은색 접섭대(蹀躞帶)를 둘렀다. 금제 띠 장식은 시안시 하가춘의 당대 교창(窖倉)에서 출토된 실물을 바탕으로 했다. 띠에 매단 색실로 수놓은 라(羅) 향낭은 영국 대영박물관에 수장된 실물을 바탕으로 했다.

결고포 아래에는 붉은색과 녹색 줄무늬 문양의 바지를 착용했다.

소매와 의복의 가장자리는 둔황 막고굴 장경동(藏經洞)에서 출토된 격사(緙絲) 띠의 문양과 프랑스 기메미술관에 수장된 바림 염색한 보상화문금(寶相華文錦)의 문양을 바탕으로 했다.

발에는 보상화직금(寶相華織錦) 양말과 여의형(如意形) 앞코가 특징인 부들로 삼은 신을 신었다. 신장 웨이우얼 자치구 투루판시의 아스타나 묘에서 출토된 실물을 바탕으로 했다.

◁◁ 비파를 뜯는 여성

통이 좁은 소매에 길이가 짧은 상의를 입었으며 그 문양은 신장 웨이우얼 자치구 투루판시의 아스타나 묘에서 출토된 화수대안문인화사(花樹对雁文印花紗)를 바탕으로 했다.

어깨에 걸친 피백(披帛)의 문양은 중국 실크박물관에 수장된 녹색 십양화(十樣花) 회힐(灰纈, 석회 등을 방염제로 이용해 염색하는 방법) 비단의 문양을 바탕으로 했다. 손에 든 나전 자단 오현 비파는 일본 정창원에 수장된 실물을 바탕으로 했다. 붉은색 발(撥)을 이용해 비파를 연주하고 있다.

허리선의 위치가 높은 치마를 착용했으며 그 문양은 신장 투루판시 아스타나 묘에서 출토된 보상화입조문(寶相華立鳥文)을 인화한 비단을 바탕으로 했다. 치마 상부는 칭하이성 두란에서 출토된 전지보상화문(纏枝寶相花文) 자수가 수놓아진 언치(안장 밑에 깔아 등을 덮어주는 방석)를 바탕으로 했다.

머리 모양과 화장법은 성당(盛唐) 시기의 전형적인 스타일이다. 고계로 틀어 올린 머리에 투조한 금박 빗을 꽂고 귀에는 보석을 상감한 금 귀걸이를 착용했다. 이런 장신구는 모두 장쑤성 후저우시에서 출토된 실물을 바탕으로 했다. 빗 양옆에 꽂은 금비녀는 저장성 후저우시 장흥에서 출토된 실물과 스위스의 개인 컬렉션을 바탕으로 했다. 이마에 붙인 화전(花鈿)과 관자놀이에 그린 '사홍(斜紅)'은 당대에 유행한 화장법이다(p.124-126 참조).

여성은 주로 이(履)를 신었다. 신장 투루판시 아스타나 묘에서 출토된 보상화 문양의 운두리(雲頭履)는 비단으로 만들어진 중국 최초의 이로, 매우 정교하고 화려하다.

◁ 문관

붓을 쥔 문관이 쓴 진덕관(進德冠)의 형태는 시안시 이적(李勣) 묘에서 출토된 삼량관(三梁冠)을 바탕으로 했다. 통이 넓은 소매에 앞섶을 맞댄 상의를 입고 천 소재 양당삼을 걸쳤으며 아래에는 흰색의 통이 넓은 바지를 입었다.

왼손에 홀판(笏板), 오른손에는 붓을 쥐고 있다(당대의 삼지 집필법). 모필은 일본 정창원에 수장된 당대의 실물을 바탕으로 했다.

관복 상의와 소매 가장자리는 영국 빅토리아 & 앨버트미술관에 수장된 화훼문(花卉文) 협힐(夾纈, 무늬를 새긴 판 사이에 비단을 끼워 염색하는 방법) 비단의 문양을 바탕으로 했다. 천으로 만든 양당삼의 가장자리는 신장 웨이우얼 자치구 투루판시 아스타나 묘에서 출토된 채색 비단 문양을 바탕으로 했다. 허리에 두른 검은색 가죽 띠의 장식과 버클은 산시성(陝西省) 시안시에서 출토된 보석이 상감된 도금 허리띠의 실물을 바탕으로 했다.

발에는 홀두리(笏頭履)를 신었다(관복을 착용할 때는 대부분 홀두리를 신었다).

오대십국 시대는 왕조가 여러 개로 분열된 격동의 시기로, 50년 가량 이어졌다. 오대십국의 국왕은 본래 당 왕조에 의해 지방의 군정 담당자로 임명된 절도사들로, 대부분 당대 말의 혼란을 틈타 스스로 왕을 자처한 이들이었다. 그런 이유로 복식을 포함한 많은 제도들이 당 왕조의 제도를 답습했다.

◀ 후당의 장종(莊宗)
타이베이 고궁박물원 수장. 이 후당의 장종상은 오대 시기 황제의 복식을 대표하는 것으로, 당 태종상과 비교하면 복두의 양쪽 다리 부분이 당 초기 아래로 늘어뜨린 형식에서 위쪽으로 젖혀진 형식('충천복두[衝天幞頭]'라고 불렸다)으로 변화한 것 이외에는 포복, 신, 허리띠 등의 양식은 기본적으로 동일하다.

▲ 공양인상
간쑤성 유림굴 벽화. 이 공양인상은 오대 시기 귀부인의 모습을 그렸다. 오대 여성의 복식도 당대를 계승했는데 머리 장식이나 화장은 당대를 능가한다.

◀ 풍휘(馮暉) **묘의 부조 채화전**(彩畵塼)
오대 시기에는 서민 남성도 결고포를 착용했으며 그 형태는 관복과 동일했다. 이는 오대 말기 풍휘 묘의 부조 채화전에 표현된 남성상에 명확히 나타나 있다.

◀ 공양인상
둔황 제220굴의 벽화. 이 공양인의 모습을 통해 오대 시기 관리의 복식이 당대와 크게 달라지지 않았다는 것을 확인할 수 있다. 다만 이 시기의 복두는 이미 모자와 같은 형태가 되었다. 즉, 복두 안쪽에 대나무나 철사 등으로 만든 빳빳한 틀을 꿰매고 복두의 양쪽 다리는 좌우로 곧게 뻗은 형태로 매번 머리에 천을 감아 형태를 잡을 필요가 없어진 것이다. 관복은 원령 형식의 결고포로, 양옆이 허리 부근까지 트여 있어 그 사이로 안에 입은 흰색 포의 주름이 보이도록 재단되었다.

▶ 왕처직(王處直) **묘 벽화**
어린아이의 복장은 전 시대와 같았다. 왕처직 묘 벽화에 그려진 오대 초기 어린아이의 복장은 어른보다 상의의 길이가 약간 짧을 뿐 큰 차이가 없다.

▲ 공양인상
간쑤성 유림굴 제16굴의 벽화. 오대 시기 회골족(回鶻族) 귀부인의 모습으로, 머리에 금관을 쓰고 보석을 상감한 금 보요를 달았다.

▲ 공양인상
간쑤성 유림굴 제2굴의 벽화. 이 여성의 얼굴을 통해 당대의 화장법인 붉은 점을 찍는 면엽과 관자놀이에 그리는 사홍의 문양이 봉황, 꽃, 풀 모양으로 변화한 것을 알 수 있다.

▲ 비녀를 꽂은 목용
장쑤성 양저우시 한장의 오대 묘에서 출토. 목용의 머리 뒤쪽에 비녀가 부착된 상태였다.

▲ 옥제 허리띠
쓰촨성 청두시 왕건 묘에서 출토. 이 두 개의 버클이 달린 옥제 허리띠는 고인이 생전에 사용했던 것으로 크고 무거운 옥 장식이 묘 주인의 고귀한 신분을 나타낸다.

▶ 머리는 고계로 풍성하게 틀어 올리고 정면에는 옥으로 장식한 각즐(角櫛, 쇠뿔 등으로 만든 빗)을 꽂았다. 이 빗은 저장성 항저우시 린안의 당대 묘에서 출토된 실물을 바탕으로 했다. 마주 보게 꽂은 금제 빗은 미국 미니애폴리스 미술관의 수장품을 바탕으로 했다. 오른쪽에는 목제 빗, 양옆에는 금제 비녀를 꽂았다. 각각 장쑤성 하이저우와 저장성 후저우시 창싱에서 출토된 유물을 바탕으로 했다.

▶ 은도금한 구리 거울을 든 오른손 팔목에는 은팔찌를 착용했다. 이 팔찌는 안후이성 허페이시 남당(南唐) 묘의 출토품을 바탕으로 했다.

▶ 가슴바대 위에 통소매에 길이가 짧은 삼을 입고 아래에는 긴 주름치마를 착용했다. 그 위에 소매통이 넓고 네 군데 트임이 있는 긴 겉옷을 걸쳤다. 삼의 옷깃은 대영박물관에 수장된 오대 나(羅) 비단의 자수 문양을 바탕으로 했다. 주름치마는 신장 투루판시 아스타나에서 출토된 당대의 회화(灰繪) 비단과 일본 정창원에 전해지는 납힐(蠟纈)한 삼베의 문양을 바탕으로 했다.

▲ 겉옷의 문양은 뤼순 박물관에 수장된 화훼문 협힐(夾纈) 비단의 문양을 바탕으로 했으며, 가선의 문양은 둔황 장경동에서 출토된 오대의 평수(平繡) 문양을 바탕으로 했다.

▲ 오대십국 시대 귀비(貴妃)의 복장

(이 시기의 회화, 석각, 도용, 직물, 장식품 등의 출토품을 바탕으로 했다.)

▼ 여성이 왼손에 든 보요(步搖)는 은도금해 옥을 박아 넣은 나비 모양의 동제 비녀에 매우 가는 금사 또는 은사로 엮은 떨새를 단 무척 정교하고 화려한 장식품이다. 걸음을 내디딜 때마다 흔들리기에 이런 이름이 붙었다. 이 보요와 머리 뒤쪽에 꽂은 보요 모두 안후이성 허페이시 오대 묘에서 출토되었다. 귀에 착용한 귀걸이는 금에 보석을 상감한 것으로 산시성(陝西省) 함양시 하약씨(賀若氏) 묘의 출토품을 바탕으로 했다.

◀ 머리에 쓴 연각복두(軟角幞頭)는 위쪽의 움푹 팬 부분에 옥제 막대를 끼워 고정했다.

◀ 주홍색의 원령(円領)과 통소매로 된 결고포를 착용하고, 안쪽에는 노란색 교령(交領) 포를 입었다. 포에는 가는 주름을 잡았다. 의복의 색상은 석각화에 표현된 채색을 바탕으로 했다.

◀ 허리에는 두 개의 버클이 달린 옥띠를 둘렀다. 은제 버클, 용 문양 옥과(玉銙) 및 사미(鉈尾) 등의 띠 장식, 손에 든 은박을 입힌 지팡이, 지팡이 끝의 둥근 권장(權仗, 황실을 상징하는 도구) 등은 모두 쓰촨성 청두시 왕건 묘에서 출토된 실물을 바탕으로 했다. 허리띠에 드리운 어대(魚袋)는 장다첸(張大千)이 모사한 '귀의군 절도사 조연록(曹延祿) 공양상'에 그려진 형태를 바탕으로 했다. 어대는 당대에 사용된 관리의 등급을 나타내는 드리개로, 오대 시기에도 계속 사용되었다.

◀ 발에는 앞코가 뾰족한 검은색 가죽 장화를 신었다.

▲ 오대십국 시대 왕족 남성의 복장

(쓰촨성 청두시 왕건 묘의 석각화를 바탕으로 했다.)

송대는 북송과 남송으로 나뉜다. 북송의 복식은 기본적으로 오대를 답습했으며 만당(晚唐)으로부터의 분명한 계승 관계를 확인할 수 있다. 남송 시대에는 남녀의 복식 모두 남방의 기후와 풍습의 영향을 받아 새로운 변화가 탄생했다.

◀ 금포(錦袍)

북송의 부유한 가문 자제들은 하나같이 금포를 즐겨 입었다. 신장 웨이우얼 자치구 차르클리크의 아랄 묘에서 출토된 영취문(靈鷲紋) 금포는 중국 제일의 금포로 알려져 있다. 고가의 직물을 사용해 세심하게 만든 의복으로 당대 호복의 특징인 원령, 측금(側襟, 앞섶이 오른쪽으로 치우친 형태), 통소매 등의 양식을 볼 수 있다(p.128 참조).

▶ 선조(宣祖)의 초상

타이베이 고궁박물원 수장. 송대에는 황제도 면복(冕服)을 착용했다. 이 초상의 송 선조는 통천관(通天冠)을 썼는데 초기의 명료한 제왕 면복도(진대)와 비교하면 면관의 형태가 크게 다르며 곤룡포의 장식도 비교적 간소하다.

◀ 황후상

타이베이 고궁박물원 수장. 송대 황후의 복식은 매우 화려했는데 그 중에서도 으뜸은 봉관(鳳冠)이었다. 이 신종(神宗) 황후상에 그려진 봉관은 비취와 진주로 만들었으며 뒷부분에는 여섯 장의 봉황 꼬리를 드리웠다. 명대의 봉관보다 더 크다는 것을 알 수 있다. 의상은 교령 형식에 소매통이 넓은 장의(발끝에 이르는 길이)와 붉은색 주름치마를 입고 운두석(雲頭舄, 황후가 신는 홑두리의 다른 이름)을 신었다.

◀ 소식(蘇軾)의 초상

송대에는 문인의 지위가 매우 높았다. 그들은 소매통이 넉넉한 포를 주로 착용했으며 고건(高巾) 또는 복두를 쓰고 천으로 만든 신을 신는 등 소탈하고 우아한 복장을 즐겼다. 그림 속 인물이 쓴 고건은 유명한 '동파건(東坡巾)'이다.

▶ 예인의 복장
남송의 '잡극타화고도(雜劇打花鼓圖)'에 그려진 잡극 예인의 모습으로, 이 여성 예인도 전족용 궁혜를 신고 있다. 송대에는 연극이 발달했는데 여성 예인은 늘 남녀의 의상을 섞어 입는 방식으로 특색 있는 무대 의상을 만들었다.

▲ 인종(仁宗)
송대 황제의 포복은 원령 형식의 소매통이 넓은 결고포로, 표면에는 문양이 없고 아무런 장식도 하지 않았다. 회화 자료에 따르면 송 태조 태종이 옅은 노란색 포복을 입은 것 이외에는 모두 주홍색을 입었다. 인종은 전각복두를 쓰고 검은색 또는 등황색 허리띠를 둘렀다. 허리띠에는 옥이 장식되어 있고 발에는 앞코가 뾰족한 신을 신었다.

◀ 소상(塑像)
산시성(山西省) 타이위안시 진츠의 시녀상. 민간 여성은 일반적으로 교령 형태의 소매통이 좁은 상의를 착용하고 치마를 입었는데 치마를 묶는 위치는 오대 시대의 가슴 부근에서 허리 부근까지 내려왔다. 머리 모양은 여전히 고계가 유행했으며 조천계(朝天髻), 포계(包髻), 쌍반계(双蟠髻) 등이 있었다. 이 시녀상은 머리를 천으로 감싼 포계를 하고 있다.

▲ 상의
푸젠성 푸저우시의 남송 시대 황승 묘에서 출토. 축면직(縮緬織)에 가선을 두른 통소매 상의이다.

▶ 바대를 댄 바지
푸젠성 푸저우시의 남송 시대 황승 묘에서 출토. 송대의 여성은 모두 치마 안에 바지를 입었다. 이 그림은 가랑이 부분에 바대를 댄 흰색 바지이다.

▲ 금비녀와 은팔찌
저장성 융자의 북송 유적에서 출토. 비녀는 크기가 작지만 표면에 새겨진 용 문양이 매우 정교하고 사실적이다.

▲ 귀이개 비녀
저장성 취저우시의 남송 묘에서 출토. 금제 귀이개 비녀이다.

▲ 금제 장식 허리띠
장시성 지안시 쑤이찬현의 곽지장(郭知章) 묘에서 출토. 곽지장은 북송의 중신이었다. 이 허리띠는 두 개의 버클과 한 개의 대선금구(帶先金具)로 이루어졌으며 금제 화훼당초문 장식이 새겨진 것으로 1, 2품 관리가 사용하는 금제 장식 허리띠이다.

▲ 속발관(束髮冠)
장쑤성 우현 진산에서 출토된 백옥연화 속발관. 이 속발관은 출토된 송대 복식 중에서도 특히 유명하다.

▲ 궁혜(弓鞋)
송대에 시작된 전족은 궁정부터 민간에 이르기까지 여성들 사이에 널리 유행하며 그 악습이 1,000년 가까이 영향을 미쳤다. 전족을 한 여성이 신는 신은 하나같이 크기가 작았는데 이런 종류의 신을 '궁혜'라고 불렀다. (1)은 푸젠성 푸저우시 황승 묘에서 출토된 문직(紋織) 소재의 앞코가 위로 들린 궁혜이며, (2)는 후베이성 장링현에서 출토된 궁혜이다.

▲ 사마(絲麻) 신
송대의 문인들이 신던 신은 정교하고 섬세하게 만들어졌다. 이 그림은 저장성 황옌의 남송 시대 조백운(趙伯澐) 묘에서 출토된 비단과 삼베로 만든 마름 문양이 장식된 신으로 단정하고 고급스러운 소재를 사용해 정성껏 만들어졌다.

▶ 헝겊 이(履)
송대의 남성이 신었던 헝겊으로 만든 이로, 장쑤성 진탄의 남송 시대 주우 묘에서 출토된 실물을 보면 현대의 헝겊신과 기본적으로 동일하다.

▶ 송대 여성의
복장

▼ 송대 학자의
복장

▲ 송대 문인 남성의 복장
(각종 문헌을 바탕으로 했다.)

◀◀◀ 여성

틀어 올린 머리를 천으로 감싼 후 금관을 썼다. 이 금관은 안후이성 안칭시 치판산에서 출토된 실물을 바탕으로 했다. 이런 종류의 관은 남송 시대 여성들 사이에서 널리 이용되었다. 관의 양옆에는 은비녀를 꽂고, 머리 위쪽에는 장각금전(長脚金鈿), 손목에는 은팔찌를 착용했다. 이 장신구들은 모두 저장성 융자현의 남송 시대 교창에서 출토된 실물을 바탕으로 했다.

안쪽에는 동백꽃 문양이 들어간 교령 형태의 통소매 나(羅) 상의를 입고, 아래에는 인화문이 들어간 긴 치마를 입었다. 그 위에 자회색 축면직에 가선을 두른 통소매 겉옷을 걸쳤다. 푸젠성 푸저우시의 남송 시대 황승(黃昇) 묘에서 출토된 실물을 바탕으로 했다.

노란색 단자(緞子)로 만든 앞코가 위를 향한 전족용 궁혜(弓鞋)를 신었다. 저장성 란시의 송대 묘에서 출토된 실물을 바탕으로 했다.

◀◀ 문인 남성

영취문금(靈鷲紋)으로 만든, 원령 형태의 앞섶이 오른쪽으로 치우친 통소매 포를 입고 머리는 상투를 틀어 관을 썼다. 이 관은 장쑤성 우현에서 출토된 백옥연화(白玉蓮華) 속발관(束髮冠)을 바탕으로 했다.

허리에는 두 개의 버클이 달린 허리띠를 둘렀다. 띠의 은장식과 끝 부분의 장식은 장쑤성 우진에서 출토된 실물을 바탕으로 했다. 허리에 매단 은제 단도를 넣은 칼집은 쓰촨성 청두시 왕건 묘에서 출토된 실물을 바탕으로 했다.

앞코가 위로 들린 목이 긴 검은색 장화를 신었다.

◀ 학자

모자와 같은 형태의 윗부분이 둥근 칠사(漆紗) 복두를 썼다. 장쑤성 진탄의 남송 시대 주우(周瑀) 묘에서 출토된 실물을 바탕으로 했다.

삼 위에 착용한 암갈색 나(羅) 배심(背心, 윗옷 위에 입는 조끼)에는 모란꽃 문양이 들어가 있다. 푸젠성 푸저우시의 남송 황승 묘에서 출토된 실물을 바탕으로 했다.

교령 형태의 소매통이 넓은 직사각형 문양이 들어간 삼을 착용했다. 이 삼은 결고포 형식으로 만들어졌다. 장쑤성 진탄의 남송 시대 주우 묘에서 출토된 실물을 바탕으로 했다.

손에 든 부채는 표면에 옻칠을 하고 코뿔소의 뿔로 만든 자루가 달려 있다. 전세품을 바탕으로 했다.

발에는 마름모 무늬가 그려진 갈색 기(綺)로 만든 이를 신었다. 장쑤성 진탄의 남송 시대 주우 묘에서 출토된 실물을 바탕으로 했다.

요, 금, 서하, 원은 모두 소수민족에 의한 왕조로 요는 거란족, 금은 여진족, 서하는 탕구트족, 원은 몽골족이 세운 나라이다. 그리고 최후에는 몽골족이 중국을 통일하고 원 왕조를 수립했다. 이 네 나라에는 공통점이 있는데 그것은 자신의 민족과 한족의 복식을 이용한 정책을 실시한 것이다. 관복은 황족과 귀족, 특히 남성은 자기 민족의 복장을 착용했으며 한족 출신의 관료와 서민은 당 또는 송대의 형식을 따른 관복이나 한족의 전통 복식인 한복(漢服) 착용이 허용되었다. 요대 중·후기에는 황제도 송의 형식을 따른 의복을 착용하기도 했다.

▲ **한복**(漢服)
(1) 허베이성 장자커우시 쉬안화의 요대 묘 벽화에 그려진 북송의 관복을 입은 문리(門吏), (2) 허난성 자오쭤시의 금대 묘 벽화에 그려진 남송의 남성복을 입은 시녀, (3) 산시성(山西省) 윈청시 루이청의 영락궁 벽화에 그려진 남송의 관복을 입은 원대 관리의 모습. 이들 벽화는 요, 금, 원 시대에도 한복(漢服)이 널리 착용되었다는 것을 증명한다.

◀▲ **비갑과 소매 폭이 넓은 상의**
한 문화의 영향으로 요·금의 여성 귀족들은 송의 형식을 따른 복식, 특히 비갑과 주름치마를 즐겨 착용했다. 이는 요·금대의 묘실 벽화(1)와 둔황 벽화 등에도 잘 나타나 있으며 산시성(山西省) 다퉁시의 금대 염덕원(閻德源) 묘에서 출토된 대도포(大道袍) (2)에서도 송대 복식의 영향을 확인할 수 있다.

▲ **여성용 포복**
거란족, 여진족, 몽골족 여성의 복식은 남성의 복식과 거의 동일했지만 여진족의 포복은 남성용보다 품이 넓고 교령 형식에 소매통도 좁았다. 이 그림은 네이멍구에서 출토된 거란족의 여성용 포복(1)과 헤이룽장성의 금대 제국왕 묘에서 출토된 여진족의 여성용 포복(2)의 실물이다.

◀ **관복**
간쑤성 유림굴 벽화에 그려진 공양인상. 요, 금, 서하, 원대 남성의 관복은 기본적으로 송대의 형식을 따랐으며 건국이 빨랐던 서하에서는 초기부터 당대 말기 오대의 영향을 받은 복식이 정착했다. 특히 관복은 전면적으로 당과 송의 형식을 답습했다.

▲ 자수 신
헤이룽장성의 금대 제
왕 묘에서 출토. 왕비가
신었던 신으로, 표면에
는 금사로 수놓은 문양
이 들어가 있다.

◀ 무락도(舞楽圖)
네이멍구 자치구 카
라호토 유적에서 출
토. '무락도'에는 탕
구트족의 복장을 입
고 춤추는 서하의 남
성이 그려져 있다.

▲ 금포(錦袍)
네이멍구 자치구에서 출토.
이 그림은 비단에 금박으로
찍은 화훼문이 들어간 장포
의 실물이다.

거란족의 복장 ▶

묘실 벽화, 회화 작품, 출토품 등에서 확인할 수 있
듯 거란족, 여진족, 탕구트족 남성은 모두 소매통이
좁은 교령 또는 원령 형태의 결고포와 바지를 착용
하고 앞코가 뾰족한 목이 긴 장화를 신었다. 이 그림
은 허베이성 쉬안화의 요대 묘 벽화에 그려진, 거란
족의 복식을 한 시위 문리의 모습이다.

◀ 일주(一珠)
거란족, 여진족, 몽골족 남성 대부분은 금제 귀걸이
와 목걸이를 착용했다. 몽골족 남성은 귀걸이에 커
다란 진주를 달았는데 이는 '일주'라고 불리며 주로
황제와 귀족이 착용했다. 이 그림은 '원세조출렵도
(元世祖出獵圖)'에 그려진 일주를 착용한 쿠빌라이 칸
의 모습이다. 시대 구분은 요, 서하, 금대부터 원대
에 걸친 시기이다.

◀ 옷깃을 바깥쪽으로 젖힌 형식의 상의
초기의 탕구트족 여성의 복식은 서역의 회골족(回鶻族)의 영향을
받았다. 이 그림과 같이 옷깃을 바깥쪽으로 젖힌 형식의 상의와
소매의 형태는 등롱의 모양과 비슷하며 소매통은 넓고 소맷부리
는 좁게 만들었다. 이 그림은 서하 초기 둔황 벽화에 그려진 탕구
트족 여성 공양인의 모습으로, 서하 시대 초기 여성복의 특징을
엿볼 수 있다.

면화(綿靴) ▶
헤이룽장성의 금대 제국왕 묘에서 출토. 이
목이 긴 면화는 금란(金襴)으로 만들어졌으
며 안쪽에는 풀솜을 넣었다. 장화 입구는
녹색 바탕에 모란 문양이 수놓아진 금직을
덧댔으며 아래쪽에는 매우 가는 갈색 가선
을 두른 굉장히 공들여 만든 신이다.

◀ 곤발(髡髮)한 남성
거란족, 여진족, 탕구트족, 몽골족이
거주하던 지방은 수자원이 부족했기
때문에 남성들은 위생상의 이유로 곤
발을 하는 풍습이 있었다. 곤발이란
머리털을 일부만 남기고 나머지는 전
부 깎는 머리 모양을 말한다. 이 그림
은 요와 서하 시대 묘실에 그려진 곤
발한 남성의 모습이다.

▲ 금관
여진족 여성은 결혼 전에는 남성과 마
찬가지로 곤발을 해야 했지만 결혼 후
에는 머리를 기르는 것이 허락되었다.
거란족, 여진족, 탕구트족 여성은 반계
나 고계를 즐겨 했다. 또 거란족 여성들
사이에서는 금관을 쓰는 것이 유행하
는 동시에 귀족 여성은 얼굴을 노랗게
칠하는 '불장(仏粧)'이라는 화장을 했다.

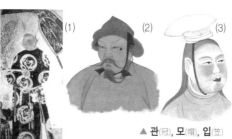

▲ 관(冠), 모(帽), 입(笠)
요, 금, 서하, 원대의 남성은 자신의 민
족의상을 착용할 때에는 일반적으로
관, 모, 입을 썼다. 관에는 사관(紗冠), 소관(小冠), 고관
(高冠) 등이 있다. 이 그림은 (1) 흰색 고관을 쓴 서하
국왕, (2) 난모(暖帽)를 쓴 원의 황제, (3) 둔황 벽화에
그려진 전관(氈冠)을 쓴 서하 시대 공양인의 모습이다.

▶ 여진족의 곤발
이 그림은 금대의 화가 장우(張瑀)의 '문희귀한
도(文姬歸漢圖)'에 그려진 곤발을 한 여
진족 남성의 모습이다. 몽골
족과 탕구트족과
비교하면 그
차이와 특징
을 알 수 있다.

금제 귀걸이 ▼
랴오닝성 젠핑의 요·상경(上京)
묘에서 출토. 이 금제 귀걸이는
몸통은 물고기, 머리는 용인 마
갈(磨羯)을 디자인했다. 마갈은
인도에서 중국에 전해진
것이지만 일상적인 기물에
표현된 마갈의 장식은 일찍
이 중국화되어 요대의 금은
기물에도 이 마갈의 장식을
다수 볼 수 있다.

▲ 탑치건(塔鴟巾)
여진족 여성은 두건을 즐겨 썼다. 금대 제국왕
묘에서 출토된 탑치건은 모자와 같은 형태의
정교하고 아름답게 만들어진 복두 형식의 두
건이다. 뒷부분에 길게 늘어뜨린 복두의 다리
부분에는 두 개의 금제 고리가 달려 있어 머리
크기에 맞게 조절할 수 있다.

◀ 금제 귀걸이
네이멍구 자치구 린허현의 가오유
팡 고성 유적에서 출토. 이 그림은
인물 문양을 투조한 서하 시대의
금제 귀걸이이다. 유례를 찾아볼
수 없을 만큼 정교하게 제작된 이
귀걸이는 고도의 공예 기술을 보
여주는 최고의 걸작 중 하나라고
할 수 있다.

▼ 금제 귀걸이
헤이룽장성 쑤이빈현의 오리
미 고성 유적에서 출토.
이 금대의 도토리 모양
귀걸이는 잎이 달린 도
토리의 형태로 정교
하게 만들어졌다.

▼ 머리에 쓴 답치건(踏鵄巾)은 헤이룽장성의 금대 제국왕(齊國王) 묘에서 출토된 실물을 바탕으로 했다. 교령 형식의 통소매 포를 착용했으며 이 포의 문양도 제국왕 묘에서 출토된 능문금(菱文錦)의 문양을 바탕으로 했다.

▶ 포 위에는 붉은색 나(羅)에 금사로 권초단화문(卷草団花文)을 수놓은 소매통이 큰 상의를 걸쳤으며 발에는 나에 자수를 넣은 앞코가 뾰족한 신을 신었다. 귀에는 도토리 모양의 금제 귀걸이를 착용했다. 이런 복식은 모두 헤이룽장성 허강시 쑤이빈현의 오리미 고성 유적에서 출토된 실물을 바탕으로 했다.

▶ 여성이 든 전지작약문(纏枝芍藥文) 화병은 허베이성 츠현에서 출토된 실물을 바탕으로 했다.

▶ 금대 여성의 복장

▶▶ 요대의 남성이 허리에 두른 금은 장식을 한 접섭대는 저리무맹(지금의 네이멍구 자치구 통랴오시)의 진국공주(陳國公主) 묘에서 출토된 실물을 바탕으로 했다. 손에 쥔 의장용 무기인 동제 골타(骨朶)는 랴오닝성 박물관에 수장된 실물을 바탕으로 했다.

▶ 여의운문금(如意雲文錦) 신은 미국 오하이오주 클리블랜드미술관에 수장된 실물을 바탕으로 했다.

▼ 머리에 쓴 면모(綿帽)는 네이멍구 자치구 싱안맹 커얼친 우익중기의 요대 묘에서 출토된 녹색 비단에 금사로 수놓은 수파지하화마갈문(水波地荷花摩羯文) 면모를 바탕으로 했다. 의복의 문양은 중국 실크박물관에 수장된 요나라 연주사조문금(蓮珠四鳥文錦)의 문양을 채용했다.

▶ 여성의 머리 모양, 관, 포복은 러시아 에르미타주미술관에 수장된 '접인도(接引圖)'에 그려진 여성의 복장을 바탕으로 했다.

▶ 금제 귀걸이에는 인물문(人物文)이 투조되어 있다. 네이멍구 자치구 가오유팡 고성 유적에서 출토된 실물을 바탕으로 했다.

◀ 포복의 문양은 닝샤후이족 자치구 인촨의 배사구쌍탑(拜寺口双塔)에서 출토된 방승영희모란연화문(方勝雙戱牡丹蓮花文) 인화견(印花絹)을 바탕으로 했다.

◀ 손에는 쟁반에 받친 금제 탁반잔(托盤盞, 받침이 있는 잔)을 들고 있다. 이 탁반잔은 네이멍구 자치구 린허현 가오유팡 고성 유적에서 출토된 실물을 바탕으로 했다.

◀ 서하 시대 여성의 복장

▲ 새 문양이 수놓아진 신을 신었다. 간쑤성 우웨이시에서 출토된 실물을 바탕으로 했다.

▲ 요대 남성의 복장

몽골족 남성들 사이에서 유행한 '질손복(質孫服)'은 중국어로 '한 가지 색 옷'이라는 의미를 가진 의복이다. 장포 형식으로 교령, 원령, 방령 등의 종류가 있으며 옷섶을 옆구리 아래쪽에서 여미는 방식으로 주로 좌임이 많다. 또 허리 부분에 주름을 잡아 꿰매는 방식으로 장포 아랫부분이 자연스럽게 열리게 만들어 움직임이 편리했다. 이 부분이 트임이 있는 결고포와 다른 점이다.

◀ 입을 쓴 기마용
몽골족 남성은 입을 즐겨 썼다. 이 그림은 산시성(陝西省) 시안시 옌타난로의 원대 묘에서 출토된 남성 기마용으로 머리에 쓴 붉은색 명주실이 달린 입은 후에 청조 관리가 쓰는 관모가 되었다.

▲ 변선오(辮線襖)
원 왕조에서 크게 유행한 포복으로, 허리 부분에 가로 방향으로 비단실을 촘촘히 엮은 장식이 특징이다. 또 옆구리의 옷섶 부분에는 단추나 끈이 달려 있어 장식의 역할을 하기도 했다. 이 그림은 네이멍구 자치구에서 출토된 납석실로 만든 변선오의 실물이다.

◀ 장화
기마가 일상인 몽골족은 질손의에 긴 바지를 착용하고 목이 긴 장화를 신었다. 장화는 형태에 따라 교첨(翹尖), 아정(鵝頂), 운화(雲靴) 등의 명칭이 있으며 헝겊이나 모직물로 만들었다. 이 그림은 몽골 국립 박물관에 수장된 헝겊 장화로, 표면은 일반적인 헝겊신이지만 안쪽에 철 조각을 댄 것으로 보아 전투용 장화라는 것을 알 수 있다(p.134 참조).

▲ 옥대과(玉帶銙)
원대의 옥대과 허리띠로, 장쑤성 쑤저우시 판먼 오문교의 장사성 부모 합장묘의 출토품을 바탕으로 했다.

▼ 금팔찌
장쑤성 쑤저우시 판먼 오문교의 원대 묘에서 출토. 용의 머리가 새겨진 금제 팔찌이다.

남성 시종용 ▶
몽골족의 머리 모양은 '파초(婆焦)' 또는 '삼탑두(三塔頭)'라고 불렸다. 머리 윗부분을 깎은 후 앞머리를 미간까지 드리웠는데 이 앞머리를 몽골어로 '부랑아(不狼児)'라고 칭했다. 귀 양옆으로 땋아 내린 머리는 뒤에서 묶거나 상투를 틀기도 했다.

몽골족의 귀족 여성은 '고고관(姑姑冠)'이라고 불리는 고관을 썼다. 이 목제 관은 표면에 직물을 붙인 후 다양한 보석을 장식하고 윗부분에는 공작의 깃털을 꽂는 등 정교하고 아름답게 만들어졌다. 이 그림은 고고관을 쓴 원의 인종 황후상(타이베이 고궁박물원 수장)이다.

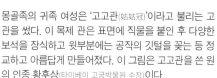

▼ 남성이 쓴 솔발(鈸) 형태의 입(笠)은 간쑤성 장현에서 출토된 실물을 바탕으로 했다. 입의 윗부분은 네이멍구 자치구에서 출토된 금모(金帽)를 바탕으로 했다. 머리 모양은 파초두(婆蕉頭)이다.

▶ 남성이 착용한 납석실(納石失, 금사로 무늬를 짠 비단)로 만든 변선오(辮線襖)는 네이멍구 자치구 바오터우시의 다얼한마오밍 연합기에서 출토된 실물을 바탕으로 했다.

▶ 허리에 두른 띠와 띠 표면의 금제 해당형모문(海棠形摸文) 대구 및 금구는 장쑤성 우시시에서 출토된 실물을 바탕으로 했다. 띠 장식은 장쑤성 우현의 여사맹(呂師孟) 묘에서 출토된 여주 문양 금제 허리띠를 바탕으로 했다. 목에 착용한 수정 목걸이는 우시시 교외의 원대 묘에서 출토된 실물을 바탕으로 했다. 손에 든 철제 창은 개인 소장품의 실물을 바탕으로 했다.

▼ 여성이 쓴 관은 장쑤성 쑤저우시 판면 오문교의 장사성(張士誠) 부모 합장묘에서 출토된 것으로 옥을 상감한 금제 장식, 공작의 깃털, 금으로 만든 가름대 등으로 이루어져 있다(출토 당시, 공작의 깃털은 거의 부패하고 떨어진 상태였다).

◀ 여성이 착용한 금제 귀걸이에는 가지와 잎으로 장식된 과일이 디자인되어 있다.

◀ 겉에 착용한 반비(半臂)는 네이멍구 자치구 지닝로 고성에서 출토된 갈색 나(羅)에 화조문을 수 놓은 상의의 형식을 바탕으로 했다. 안쪽에 입은 옷에 두른 띠는 장쑤성 쑤저우시에서 출토된 흰색 실크 길복대(吉服帶, 정장에 착용하는 허리띠)를 바탕으로 했다.

◀ 안쪽에 입은 짧은 상의는 네이멍구 자치구 지닝로 고성에서 출토된 만자문(卍字文) 비단을 바탕으로 했다. 또 무늬를 짜 넣은 단자(緞子) 치마와 인물화조문 자수를 수놓은 허리띠는 산둥성 쩌우현에서 출토된 실물을 바탕으로 했다.

▶ **원대
남성의 복장**

▲ 앞코가 위로 들린
검은색 헝겊신을 신었다.

▲ 네모진 앞코에 명주실로 짜 넣은 두 줄의 선이 들어간 헝겊신은 장쑤성 쑤저우시의 원대 묘에서 출토된 실물을 바탕으로 했다.

▲ **원대 중년 여성의
한식(漢式) 복장**

◀ 무관용
시안시에서 출토. 이 무관용은 당대 무관의 복식을 정확히 표현했다. 그 형식이 기본적으로 수대의 복식과 같기 때문에 당대 초기의 것이 분명해 보인다.

무사상 ▶
당대의 명광개는 철로 만들었다. 산시성(陝西省) 소릉 벽화에는 무릎까지 오는 길이의 명광개를 입은 무사의 모습이 그려져 있는데 가슴 앞쪽의 원형 방호구 외에는 모두 사각형의 미늘을 엮어 만들었다.

견갑용(絹甲俑) ▶

성당 시기에 명광개는 의장용 견갑으로 발전했다. 견갑은 비단으로 만들었으며 머리, 복부, 다리 부분은 금과 은으로 장식한 미늘을 엮는 등 매우 호화로운 갑옷으로 황실 의장대가 전례에 착용했다. 이 그림은 시안시의 영태공주 묘에서 출토된 무사용이다.

▲ 전투의
당대의 군인은 수대부터 유행한 결고포를 입고 전투에 나섰다. 머리에는 복두를 썼으며 하급 군인은 전투의 위에 소매가 짧은 피풍(披風, 또는 반비[半臂]라고 칭했다)을 걸쳤다. 남북조 시대에 유행한 피풍은 소매가 긴 것과 짧은 것이 있었는데 보통 팔은 꿰어 입지 않았다. 이 그림은 산시성(陝西省) 셴양시 리취안현의 장락공주(長樂公主) 묘 벽화에 그려진 피풍을 걸친 무사의 모습이다.

◀ 무사용
산시성 셴양시 리취안현의 정인태 묘에서 출토. 이 채색과 금박을 입한 무사용은 당대 초기의 명광개가 매우 자세히 표현되어 있다. 가슴 앞쪽은 커다란 방호구로 덮고 호복(護腹)과 퇴군(腿裙)은 작은 미늘을 엮어 만들었으며 팔 부분은 호비개(護臂鎧)로 보호했다. 한편 투구는 다섯 장의 미늘을 엮어 모자 형태를 만들고 위에는 반구형의 덮개를 얹었으며 아래쪽은 작은 미늘을 엮어 늘어뜨림으로써 얼굴 옆면과 후두부를 방어했다.

오대부터 송대에 걸쳐 갑주의 제도는 점차 정형화되어갔다. 북송 초기에는 장갑, 병갑, 보병갑, 마갑 등의 종류로 크게 나뉘고 각 종류별로 자세한 규격이 있었다. 또 대량 생산에 적합하도록 규격에 따라 갑주의 부품과 미늘의 수량 등이 구체적으로 규정되었다.

◀ **군인용**
하급 군인은 결고포 앞자락을 걷어 올려 허리띠에 끼웠다. 푸젠성의 오대 왕심지(王審知) 묘에서 출토된 군인용이 이를 증명해준다.

갑주 무사상 ▶

쓰촨성 청두시 왕건 묘에서 출토. 갑주를 착용하고 도끼를 든 무사의 모습이 표현된 선각화. 갑주의 각 부분은 동일한 형태의 미늘을 엮어 만들었으며 복부의 원형 방호구와 허리를 감싼 천 소재 포두(袍肚)는 가죽 띠를 이용해 장착했다. 포두는 갑주와 무기의 마찰을 막기 위해 대부분 천 소재로 만들어졌다. 머리에 쓴 투구는 당시에는 '회(盔)'라고 칭했다. 또 투구 양옆을 젖혀진 봉황의 날개와 같은 형상으로 장식했는데 이는 봉시회(鳳翅盔)라고 불리며 송대에 유행했다.

◀ **채색 무사용**
허베이성 바오딩시 취향의 왕처직 묘에서 출토. 이 석조 무사상은 투구 양옆이 위쪽으로 젖혀진 '봉시회'가 과장되게 표현되어 있다. 갑옷의 어깨와 팔을 덮은 박갑(膊甲)과 가슴 앞쪽을 덮은 흉갑은 커다란 가죽으로 만들어진 듯하다. 금속으로 만든 원형 방호구를 단 흉갑은 명광개의 형식과 유사하다. 갑옷 아래쪽은 미늘을 엮어 형태를 만들었다. 이 무사상은 오대 시대에도 가죽과 철을 결합해 만든 갑주가 있었다는 것을 보여준다.

◀ 철제 인물상
북송의 갑주는 『무경총요(武經總要)』에 상세히 기술되어 있는데 그 내용은 당시의 회화 작품이나 석각화의 형태와 기본적으로 일치한다. 이 그림은 산시성(山西省) 타이위안시 진츠의 철제 인물상으로, 착용한 갑주는 『무경총요』의 봉시회를 쓴 장군의 갑주와 동일하다.

시위(侍衛) 무사상 ▶
푸젠성의 송대 묘 벽화에 그려진 이 시위 무사상도 의복의 앞자락을 걷어 올려 허리띠에 끼웠다.

▲ 동회(銅盔)
남송 시대에 챙이 넓은 모자와 같은 형태의 투구가 출현했다. 산둥성 탄청에서 그 실물이 출토되었으며 투구 가장자리에는 정확한 제조 연도가 주조되어 있었다. 이 새로운 투구는 원·명 시대 투구의 기원이 되었다.

군복 ▶
오대십국 시대와 송대의 군복은 결고포가 주류였다. 장교의 군복은 관복보다 짧았으며 송대에는 지면으로부터 5촌(약 16.7cm, 참고로 관복의 길이는 발등에 닿는 길이였다) 길이라는 규정이 있었다. 남송의 화가 유송년(劉松年)의 '중흥사장도(中興四將圖)'에 그려진 군복은 그보다 더 짧다.

▲ 면갑(綿甲)
송대에 만들어진 의장용 면갑으로 '오색개주(五色介胄)'라고 칭했다. 면갑은 모두 직물로 만들었으며 미늘은 필묵 채색으로 장식했다. 다만 투구에는 약간의 금속이 사용되었기 때문에 멀리서도 밝고 화려하게 보였다. 이 그림은 둔황의 송대 석굴의 채색 소상(塑像)과 문헌을 바탕으로 복원한 '오색개주'이다.

금대의 갑주 ▶
금대의 갑주는 길이가 남송의 갑옷보다 길고 투구도 더욱 튼튼하게 만들어져 두 눈만 노출된 한 대의 중갑(重甲)과 비슷하다. 이 그림은 산시성 상편현의 금대 묘에서 출토된 부조 화상전으로, 금대 갑주의 모습을 확인할 수 있다.

▲ 갑주
요, 금, 서하는 장기간에 걸쳐 송 왕조와 대치하며 전쟁이 끊이지 않았기 때문에 군사 장비와 무기 생산을 중시했다. 갑주의 형식은 북송, 남송 시대의 것과 유사하지만 요의 갑주는 비교적 길이가 짧다. 이 갑주의 그림은 요대의 묘실 벽화와 조각을 바탕으로 했다.

◀ 군복
송대의 군복과 장신구는 다른 민족의 군대에서도 유행했다. 이 그림은 둔황 벽화에 그려진 서하 시대 무장의 모습을 바탕으로 재현한 서하의 군복으로 포두(袍肚, 갑주의 허리 부분의 장식)의 형식도 송대를 답습했다. 원대에는 송대 군복의 더 많은 요소를 도입했다.

◀ 동제 투구
서하 시대 갑주에 관한 자료는 적지만, 간쑤성에서 도금된 갑옷 조각이 출토되었다. 또 닝샤후이족 자치구 시지현 하오수이촨의 옛 전장 유적에서도 청동 투구가 출토되었다.

◀ **쇄자갑**(鎖子甲)

원대에는 송대에 발명된 화기가 전장에서 대량 사용되었다. 화기의 위력은 갑주에 큰 변화를 미쳤는데, 많은 면적을 덮을 수 있는 원대의 쇄자갑은 그야말로 새로운 무기에 대응한 방어구였다. 쇄자갑은 철제 미늘을 엮어 만든 갑옷으로 방어 면적이 크고 가벼웠다. 이 그림은 원대 티베트 갑주의 실물을 바탕으로 했다.

▲ **군복**

요, 금, 서하, 원대는 기본적으로 국민개병 제도가 있었기 때문에 남성의 복식은 군복이었다. 이 그림은 산시성(山西省) 유위현의 바오닝시(宝寧寺) 경내에 있는 명대의 수륙화(水陸畵)에 그려진 몽골식 군복(질손의)을 입은 무사의 모습이다.

◀ **원대의 갑주**

원대 초기에는 전신을 덮는 청동제 갑주가 있었다. 이 그림은 네이멍구 자치구 츠펑시 웡뉴터기에서 출토된 문양이 새겨진 청동 갑주를 바탕으로 했다. 이런 종류의 대형 미늘은 가죽 갑옷에 꿰매어 착용했다.

4 장

명대~중화인민공화국 시대

명대(1368~1644년)
청대(1644~1911년)
중화민국 시대(1912~1949년)
중화인민공화국 시대(1949~현재)

명 왕조는 빈농 출신의 주원장(朱元璋)이 수차례 격전 끝에 건립한 왕조이다. 그는 원 왕조를 타도하는 과정에서 '이민족을 추방하고 중화를 부활시키자'는 구호를 내걸고 사람들을 단결시켰다. 그런 이유로 명 왕조의 건국 당초에는 원 왕조와 관련된 복식을 모두 금지하고 당과 송대의 형식과 그에 따라 변형된 복식을 강요했다.

▲ 봉관과 하피(霞帔)

◀ 관복대
명대의 관복에는 공들여 만든 허리띠를 착용했다. 의복보다 느슨해서 허리를 조이는 역할을 하지 못하고 허리 양옆에 달린 가는 끈에 걸어 착용하는 방식이었다. 가죽으로 만든 허리띠 표면은 은으로 덮고 전면에 장식을 했다. 정면에 있는 세 개의 사각형 과(銙, 띠 장식)는 삼태(三台)라고 불렸으며 이 삼태 양옆에는 세 개의 목화씨 모양의 과를 배치했다. 그리고 이런 목화씨 모양의 과 뒤쪽으로 각각 한 개의 사미(鉈尾)가 있고 뒤쪽 허리띠에는 다섯~일곱 개의 사각형 과를 연결했다.

앞코가 뾰족하고 위를 향해 들린 전족용 궁혜 ▶
여성의 전족은 명대에도 여전히 쇠퇴하지 않고 대대로 이어진 명문가의 딸부터 부유한 일반 가정의 딸에 이르기까지 모두 '삼촌금련(三寸金蓮)'의 전족을 아름답다고 여겼다. 송·원 시대의 전족용 신은 명대에 들어서면서 새롭게 발전했다. 장시성 난청의 명대 익장왕(益莊王) 묘에서 출토된 통굽 궁혜는 앞코가 위를 향해 높이 들려 있고 전면에 자수 장식이 되어 있으며 두꺼운 굽 부분은 실로 꿰매어 고정했다.

관복 ▼
명대의 관복은 송대의 형식을 계승한 형태로, 목선이 둥근 반령(盤領)에 소매통이 넓고 양 옆구리에는 트임이 있었다. 다만 이 트임 부분은 실제 이렇게 재단한 것이 아니라 반 척(半尺, 약 17cm)가량의 천을 덧댄 것으로 옷을 입을 때 이 부분을 안으로 접어 허리띠를 두르면 외관상으로는 트여 있는 것처럼 보였다. 그런 이유로 명대의 황포나 관복은 모두 품이 넓었다.

명대에도 귀족 여성의 복장은 조복과 상복으로 나뉘었으며 황후와 황귀비를 제외한 문무관의 명부(命婦)가 착용하는 조복은 남편이나 아들의 관복과 동일했다. 또 머리에는 황관(凰冠)을 써야 했으며 고명(誥命, 조정에서 봉작을 받은) 부인은 황관과 함께 하피를 착용해야 했다. 하피란 긴 띠로 만든 어깨걸이의 일종으로 용이나 봉황 자수 외에도 진주나 보석을 장식하고 띠 끝부분에는 황금 장식을 드리웠다. 이 주불녀(朱佛女)의 초상화에는 황관과 하피가 선명히 그려져 있다(p.135, 137 참조).

▶ 장통화(長筒靴)
관복을 착용할 때는 일반적으로 비단으로 만든 목이 긴 신을 신었다. 이 그림은 구이저우성 후이수이현에서 출토된 헝겊신의 실물로, 표면에 자수를 한 비단을 붙였다.

▼ 앞코가 뾰족한 전족용 궁혜
산시성(山西省) 원청에서 출토된 굽이 높은 전족용 신은 앞코가 가늘고 뾰족하며 목이 긴 원통 형태로 만들어졌다. 굽의 형태는 현대의 하이힐과 기본적으로 동일하다.

◀ 두건

의사는 문인과 마찬가지로 품이 넓은 포에 고건을 썼기 때문에 문인과의 차이를 한눈에 알아볼 수 있게 의복이나 고건에 의사의 신분을 증명하는 표식을 달았다. 명대의 사원에 그려진 종교 벽화에는 안과 의라는 것을 나타내기 위해 사람의 눈을 그린 표식을 두건이나 의복에 붙인 인물이 그려져 있다.

◀ 궁녀

'명헌종원초행락도'에 그려진 적계(翟髻)를 쓴 궁녀의 모습으로 교령에 소매통이 좁고 길이가 짧은 삼을 입고 망문(蟒文)이 수놓아진 빳빳한 주름치마를 입었다.

예살복 ▶

명대 중기부터 후기에 걸쳐 원대의 질손복이 다시 유행했다. 몽골족의 의복을 착용하지 못하게 한 주원장의 금령이 최초로 그의 자손에 의해 깨진 것이다. 황제는 약간 변형한 질손복을 앞장서서 착용하는 동시에 이 의복을 '예살복'이라는 새로운 명칭으로 불렀다. 이 그림은 '명헌종조금도(明憲宗調禽圖)'에 그려진 예살을 입은 헌종 황제의 모습이다. 황제는 왜 질손복을 즐겨 입었던 것일까. 아마도 입기 편하고 착용감이 좋았던 것과 무관하지 않을 것이다.

◀ 민간 여성의 복장

민간 여성의 복장은 교령에 소매통이 좁고 허리까지 내려오는 길이의 상의가 일반적이었다. 하의는 주로 양 옆면에서 주름을 잡은 주름치마를 입었으며 길이는 지면에 닿을 정도였다. 송종로(宋宗魯)가 판각한 '경직도(耕織圖)'에 그려진 민간 여성들은 모두 이런 복장을 하고 있다.

▼ 단삼(短衫)과 치마

명대 중기부터 후기에 걸쳐 남성들 사이에서 예살이 유행했을 무렵, 상류층 여성들도 유행에 따라 교령 형태에 소매통이 좁은 짧은 상의를 입었다. 그리고 하의는 빳빳한 주름을 잡아 넉넉하게 만든 긴 치마(원대의 부인복과 유사)를 착용했다. 이런 의복은 면, 단자, 직금 비단 등의 귀중한 원단으로 만들었다. 이 그림은 공부가 소장한 어두운 녹색 사(紗)에 직금으로 양 어깨 전면에 꽃 받침 모양의 상봉문을 짜 넣은 단삼과 녹색 비단에 망문으로 장식한 치마이다.

◀ 배자

(褙子)

관료 가문의 여성은 남성의 겉옷인 직철(直裰)과 비슷한 앞트임 형식의 배자를 의군(衣裙) 위에 착용해야 했다. 배자는 전면에 자수가 들어가 있고 앞섶은 남성과 동일하게 띠를 두르는 것이 아니라 정교하게 제작된 금 또는 옥 장식 단추로 여미었다. 이 그림은 도홍색 사(紗)에 꽃과 새 문양이 수놓아진 배자로 공부가 소장했던 실물을 바탕으로 했다.

◀ 단자(緞子) 신

명대의 남성은 평소 집에 있을 때는 헝겊신을 신었다. 이 그림은 상하이시 맹선 묘에서 출토된 단자로 만든 헝겊신의 실물이다. 이 신은 끈이 없는 신이 중국에서 발명되었음을 증명한다.

황제의 예복은 '곤면복(袞冕服)'이라고 불렀다. 곤면 제도는 은대에 이미 존재했으며 주대에는 규범까지 세워 완전한 제도로 정착했다. 곤은 의복을 뜻하며 면은 관을 가리킨다. 면 위에 달린 긴 판은 '연(綖)'이라고 불렀으며 이 연은 뒤쪽을 높여 앞으로 갈수록 기울어지게 만든 후 앞뒤의 가장자리에는 류(旒)라고 하는 구슬꿰미를 늘어뜨려 황제의 얼굴을 가렸다. 곤복은 상의하상의 형식으로 허리띠 아래로는 '폐슬'을 드리웠다. 곤복에는 해, 달, 산, 불 등의 문양을 수놓았으며 발에는 앞코가 높이 들린 석(舃)을 신고 신체를 수많은 주옥으로 장식해 황제의 위엄을 과시했다.

천계제(天啓帝,
명 희종) **상** ▶
타이베이 고궁박물원이 수장한 황제의 초상화이다. 이 초상화에 그려진 황제가 착용한 용포는 당대의 것과 유사하지만 문양은 당대에 비해 훨씬 복잡해진 것을 알 수 있다.

◀ **보자**(補子, 흉배)
명대의 관복에는 사각형의 '보자'를 붙였다. 또 직접 관복에 수를 놓기도 했다. 보자란 다양한 조류(문관) 또는 동물류(무관)로 위계의 차이를 나타내는 것으로 이런 종류의 관복을 '보복(補服)'이라고 칭했다. 보자는 청대에도 계속 사용되었다(p.138 참조).

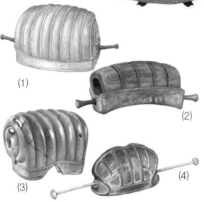

▲ **남성용 속발관**
명대의 남녀는 모두 머리를 틀어 올린 후 그 위에 소관(小冠)을 쓰는 것을 즐겼다. 집에서는 소관만 쓰고 지내지만 외출할 때는 소관 위에 두건이나 모자를 썼다. 속발관의 재료는 옥, 금, 동, 나무 등이 사용되었으며 각별한 풍취가 있는 형태로 정교하게 만들어졌다.

(1) 난징시 장닝에서 출토된 금제 속발관
(2) 상하이시 바오산에서 출토된 목제 속발관
(3) 장시성 난청에서 출토된 마노제 속발관
(4) 난징시 반창에서 출토된 호박(琥珀)제 속발관

정면   옆면
뒷면

▲ **충정관**(忠靜冠)
충정에는 '진사진충퇴사보과(進思盡忠退思補過, 관직에 나아가서는 충성을 다할 것을 생각하고, 물러나서는 지난날의 불충을 보완할 것을 생각한다)'의 의미가 담겨 있다. 명대의 무관 중에서도 제독(諸督) 이상의 관직이 착용하는 관이었다. 이 그림은 장쑤성 쑤저우시 펑차오의 명대 묘에서 출토된 실물을 바탕으로 했다.

▲ **여성용 속발관**
(1) 난징시 장닝에서 출토된 명대 익장왕비의 금제 속발관, (2)는 쓰촨성 핑무에서 출토된 은제 속발관이다.

◀ 적계

명대 여성의 머리 모양에는 쌍계, 평계, 고계, 저계 등의 다양한 형태가 있었지만 그중 고계가 가장 일반적인 형태였다. 부유한 가문의 여성은 고계 위에 금은으로 만든 가는 철사로 엮은 적계를 착용했다. 상하이에서 출토된 실물을 보면, 우선 굵은 은줄로 형태를 만든 후 가는 금사 또는 은사를 이용해 그물 모양으로 엮어 모자와 같은 형태로 만든 후 앞뒤, 좌우에 비녀 등의 장식품을 꽂았다. 장식품을 직접 적계에 녹여 붙이기도 했다.

표표건(飄飄巾) ▶

사대부나 문인 및 학자는 모두 교령 형태에 소매통이 넉넉한 송대 형식의 포를 착용했다. 그리고 그 위에는 앞쪽에서 여미는 방식의 상의를 걸쳤다. 이런 종류의 의복은 송·원 시기의 승려와 도사가 입었던 복장으로 송대에는 직철이라고 불렸다. 또 이런 의복을 착용할 때는 표표건, 사방평정건, 동파건(東坡巾) 등 다양한 명칭의 두건을 썼다. 이 그림은 난징 박물원에 수장된 표표건을 쓴 서위(徐渭)의 초상화이다.

◀ 황제의 옥대

상복을 착용할 때는 허리띠의 문양이 화려한 것도 상관없었지만 그 수나 종류는 반드시 규정에 따라야만 했다. 이 그림은 후베이성 양장왕 묘에서 출토된 실물로, 명대의 허리띠에는 대구가 아닌 고리형의 금구가 사용되었다는 것을 알 수 있다. 한편 서민의 의복에는 헝겊 허리띠가 사용되었다.

◀ 금사 익선관(翼善冠)

황제는 상복을 착용할 때 익선관을 썼다. 당·송대의 황제가 쓰던 복두와 유사하며 본래는 아래로 늘어뜨리거나 곧게 뻗은 복두 다리를 위로 향하게 만들어 잠자리나 매미 날개처럼 얇은 반투명 사(紗)로 감쌌던 데서 '익선'이라고 불렸다. 전체를 금사로 엮어 만든 후 진귀한 구슬로 장식한 익선관도 있었다.

복두 ▶

관복에는 조복, 공복, 상복의 세 종류가 있었다. 그리고 조복을 착용할 때에는 양관(梁冠) 위에 농건(籠巾)을 써야 했다. 또 공복의 경우에는 송대와 유사한 전각복두(展脚幞頭)를 착용했다. 이 그림은 산둥성 박물관에 수장된 실물이다.

◀ 면복관

황제와 친왕이 면복을 착용할 때 쓰는 관은 당의 염립본(閻立本)이 그린《역대제왕도(歷代帝王圖)》에 그려져 있다. 이 그림은 산둥성의 명대 노황왕(魯荒王) 묘에서 출토된 면복관의 실물이다. 관 앞뒤로 각각 아홉 개의 류(旒, 관에 드리운 구슬 장식)를 드리웠는데 베이징 딩링에서 출토된 만력황제(萬曆皇帝)의 면복관보다 류의 개수가 세 개 더 적다. 이것은 친왕이 쓴 관이다.

명대 친왕의
복장 ▶

명대 문인의
복장 ▶

▲ 명대 젊은
귀족 여성의 복장

▲ 명대
문관의 복장

명대 귀족
여성의 복장 ▶

◀◀◀◀◀ 젊은 여성

머리에 쓴 보석을 상감한 금관은 장시성 난청의 익장왕 묘에서 출토된 실물을 바탕으로 했다. 이런 종류의 관은 틀어 올린 머리 위에 비녀로 고정해 착용했다. 귀에 건 조롱박 모양의 금주옥(金珠玉) 귀걸이는 상하이시 푸차오의 명대 묘에서 출토된 실물을 바탕으로 했다.

안쪽에 입은 상의와 치마는 구이저우성 박물관에 수장된 송죽매화단(松竹梅花緞) 교령 상의의 문양을 채용했다. 위에 걸친 도홍색 사(紗)로 지은 채수화조문(彩繡花鳥文) 배자(褙子)는 공부(孔府)가 소장했던 실물을 바탕으로 했다.

배자(褙子)는 금속 장식 단추를 이용해 여미었으며 오른손 중지에는 보석 반지를 끼고 왼쪽 손목에는 보석을 상감한 금팔찌와 문양을 새긴 금제 비천(臂釧, 팔찌)을 착용했다. 발에는 황금(黃錦)으로 만든 전족용 통굽 봉두(鳳頭) 궁혜를 신었다. 모두 후베이성 양장왕 묘에서 출토한 실물을 바탕으로 했다.

◀◀◀◀ 문관

머리에 쓴 오사모(烏紗帽)는 상하이시의 반윤징(潘允徵) 묘에서 출토된 실물을 바탕으로 했다. 남성이 입은 보복(補服, p.74 참조)은 남색 사(紗)에 선학문(仙鶴文)이 수놓아진 1품 보복으로 공자박물관에 수장된 실물을 바탕으로 했다. 이 보복은 황제에게 하사받은 것으로 의복에 직접 보자(補子, p.74 참조)를 수놓았다. 허리띠는 후베이성 양장왕(梁莊王) 묘에서 출토된 금양옥대과(金鑲玉帶銙)의 실물을 바탕으로 했다.

표면에 비단을 덧댄 목이 긴 헝겊신을 신었다.

◀◀◀ 친왕

익선관을 쓰고 직금(織金)으로 지은 예살을 착용했다. 산둥성 쩌우청시 주단(朱檀) 묘에서 출토된 실물을 바탕으로 했다. 손에 든 부채는 금박을 입힌 선면에 기하학 문양이 그려져 있다. 이 부채는 상하이시 바오산의 주수성(朱守誠) 묘에서 출토된 실물을 바탕으로 했다.

허리띠의 장식은 청백옥에 운룡문(雲龍文)을 투조한 대과로, 후베이성 양장왕 묘에서 출토된 실물을 바탕으로 했다. 붉은색 단자(緞子)를 덧댄 목이 긴 펠트 신은 베이징시 딩링에서 출토된 실물을 바탕으로 했다.

◀◀ 여성

금사를 이용해 누각 모양으로 만든 귀걸이는 난징시 서달(徐達) 묘에서 출토된 실물을 바탕으로 했다. 길이가 짧은 상의는 어두운 녹색 사(紗)에 어깨 전면에 직금으로 꽃받침 모양으로 상봉문(翔鳳文)을 수놓았으며 치마에는 녹색 사에 망문(蟒文)이 장식되어 있다. 여성의 의복은 모두 공부(孔府)가 소장했던 실물을 바탕으로 했다. 발에 신은 전족용 신은 산시성(山西省) 원청에서 출토된 실물을 바탕으로 했다.

명대 여성은 머리를 틀어 올려 특유의 동제 적계로 덮은 후, 당대의 복두와 같이 전면이 금사로 만들어진 머리 장식을 했다. 이런 머리 장식을 명대에는 '두면(頭面)'이라고 칭했다. 적계를 장식하는 각종 비녀 등의 머리 장식은 모두 정자나 누각 형태로 만들어졌다. 머리 뒤쪽에도 두 개의 비녀를 꽂았다. 장시성 익장왕 묘와 장쑤성 우시의 조씨(曹氏) 묘 그리고 상하이시의 명대 묘에서 출토된 실물을 바탕으로 했다.

◀ 문인

남성은 마사(麻紗)로 만든 사방평정건(四方平頂巾)을 썼다. 이 두건은 상하이시 황맹선(黃孟瑄) 묘에서 출토된 실물을 바탕으로 했다.

흰색 비단에 남색 가선을 두른 겉옷을 걸쳤다. 이 의복은 상하이시 바오산 양향의 한사총(韓思聰) 묘에서 출토된 실물을 바탕으로 했다. 안에 입은 교령 형태의 소매통이 넓은 장포는 구이저우성 박물관에 수장된 옷깃에 비단을 댄 면포포(綿布袍)를 바탕으로 했다. 포의 문양은 고궁박물원에 수장된 '낙화유수(落花流水)' 직물의 문양을 채용했다.

발에 신은 헝겊신은 상하이시 바오산의 황맹선 묘에서 출토된 실물을 바탕으로 했다. 손에 든 책도 상하이시 명대 묘에서 출토된 연극 창본(唱本, 연극 가사를 인쇄한 책)을 바탕으로 했다.

청 왕조를 건국한 만주족은 금 왕조를 건국한 여진족의 후예이다. 금의 멸망 이후, 북동에 머물던 만주족은 명 말기에 세력을 확대해 최종적으로 청 왕조를 건립했다. 청은 요와 금이 한족에 동화되어 약체화된 것을 교훈으로 삼아 복식에 관한 일련의 엄격한 정책을 실시해 만주족의 특징을 갖춘 복식을 전국에 강요했다.

◀ 황제상

청 왕조 시기 남녀의 복장은 기장(旗裝)이라고 칭했으며 황제부터 백관(조정의 명부를 포함한)에 이르기까지 관복에는 조복, 공복, 상복의 세 종류가 있었다. 또 귀족과 서민 남녀의 복장은 예복과 상복의 두 종류로 나뉘었다. 수 종류로 나뉘기는 해도 기본적인 복식의 양식은 동일하며 단지 옷감, 장식품, 관모 등의 차이가 있을 뿐이었다. 황제가 정무를 볼 때 착용하는 용포도 당·송대의 결고포가 발전된 것으로 어깨에 걸친 피견(披肩)과 소매의 마제형(馬蹄形) 덮개가 더해졌을 뿐이다. 신은 당·송 이래의 역대 황제들과 마찬가지로 앞코가 뾰족하고 목이 긴 장화를 신었다. 관은 청 왕조의 특징을 보여주는 길복관(吉服冠)을 썼다. 고궁박물원에 수장된 '강희황제상(康熙皇帝像)'에는 황제의 복식이 매우 자세히 그려져 있다.

▲ 황후상

건륭제(乾隆帝)의 효현순(孝賢純)황후의 초상화이다. 이 그림에 표현된 황후의 복식을 살펴보면, 포의 길이가 발을 덮을 정도로 길고 포 위에 걸친 장괘(長掛) 이외에는 기본적으로 황제의 조복과 동일하며 의복에 수놓아진 자수가 다를 뿐이라는 것을 알 수 있다. 관리와 명부의 조복도 황제나 황후의 조복과 일치하며 모두 이런 종류의 양식이었다.

◀ 여성의 기장

서민 여성의 평상복은 기포였다. 그 형식은 기본적으로 남성의 행포와 동일하지만 허리 품이 약간 좁고 양옆에 트임이 들어가 있었다. 가을·겨울철에는 목둘레에 스카프를 감기도 했는데 한 가지 방식으로만 착용할 수 있었다. 또 기포를 입을 때는 남성과 마찬가지로 마갑(馬甲, 조끼 형태의 겉옷)을 착용하기도 했다. 이 그림은 청대 초기 연화에 그려진 기포에 마갑을 걸친 여성의 모습이다.

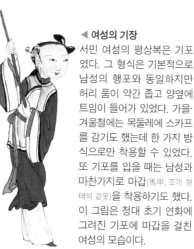

◀ 신

관리와 귀족 남성은 대부분 목이 긴 헝겊신을 신었다. 관복을 착용할 때는 두꺼운 굽이 달린 조화(朝靴) (1)를 신고 평상시에는 굽이 낮은 쾌화(快靴) (2)를 신었다. (1)과 (2)는 고궁박물원의 수장품이다. 쾌화란 걷는 속도가 빠르고 걷기 편한 신이라는 뜻이 담겨 있다. 발등 부분에 세 줄의 선이 들어간 신(3)을 신는 사람도 있었다. (3)은 개인 소장품이다.

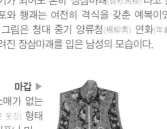

◀ 장삼과 마괘(馬褂)

서민 남성에게 행포나 행괘는 관혼상제 때에만 착용하는 예복이었다. 청 왕조가 멸망하고 민국 시기가 되어도 흔히 '장삼마괘(長衫馬褂)'라고 불린 행포와 행괘는 여전히 격식을 갖춘 예복이었다. 이 그림은 청대 중기 양류청(楊柳靑) 연화(年畵)에 그려진 장삼마괘를 입은 남성의 모습이다.

마갑 ▶

여성용 마갑은 소매가 없는 입령(立領, 곧게 세운 옷깃) 형태로 만들어졌다. 기포나 마갑의 옷깃, 소매, 가장자리에는 가선을 둘렀으며 종종 이중, 삼중으로 덧대기도 했다. 이것은 고궁박물원의 수장품이다.

행포 ▶

황제, 관리, 귀족 남성의 상복은 행포라고 불렸다. 행포는 조복과 같은 형식으로 전후좌우에 트임이 들어가 있었다. 다만 옷감의 직조 무늬를 제외하면 기본적으로 자수 등의 문양은 넣지 않았다. 무관의 행포는 오른쪽 무릎 부분의 옷자락을 30cm가량 잘라낸 후 단추를 이용해 다른 옷감을 이어 붙였는데 이런 방식은 말을 탈 때 탈착이 가능하도록 만든 것이었다.

◀ 행괘

행포 위에는 행괘(마갑)를 착용했다. 행괘는 긴 소매와 짧은 소매의 두 가지 종류가 있었으며 긴 소매 행괘는 대부분 입령 형태였다. 이 사진은 행포 위에 행괘를 착용한 청대 말기 관리의 모습이다.

◀ 삼첩고(三疊褲)

서민 남성은 평상복으로 목둘레가 둥글게 트인 소매통이 좁고 짧은 상의와 '삼첩고'라고 불린 바지를 입었다. 이 바지는 허리 품이 넉넉하게 만들어졌기 때문에 삼첩고라는 이름 그대로 허리 부분을 세 번 접은 후 허리띠를 둘러 고정했다. 허리띠를 단단히 조여 착용했기 때문에 깔끔한 인상을 주었다. 발에는 발등 부분에 두 줄의 선이 들어간 헝겊신을 신었다. 이 사진은 짧은 상의와 삼첩고를 입고 두 줄의 선이 들어간 신을 신은 관아 아역(衙役, 관아에서 부리던 하인)의 모습이다.

공복 ▶

관리의 공복은 보복(補服)이라고 칭하며 조복 위에 착용했다. 보복은 목둘레가 둥근 앞트임 형식으로 소매통이 크고 네 곳이 트여 있는 장삼의 형식이었다. 가슴 앞쪽에는 명대의 공복과 마찬가지로 사각형의 보자를 붙였으며 보자의 문양에 따라 문무관의 등급을 구별했다. 또 가을과 겨울에는 탈착이 가능한 입령(立領)을 달아 목을 덮었으며 관모도 여름용과 겨울용이 따로 있었다. 이것은 청 말기 관리의 사진이다.

장삼과 기포 ▶

청 말 무렵부터 남성의 행포와 여성의 기포에 입령을 달게 되면서 마갑을 착용하지 않게 되었다. 그 결과, 장삼과 기포가 점차 근대의 정장으로 자리 잡게 되었다. 장삼과 기포는 그 형식으로 볼 때 결고포를 계승한 의복이 분명하다. 다시 말해 결고포가 변형된 의복이라고 할 수 있을 것이다.

◀ **여성의 복장**
청대의 여성은 넉넉한 상의와 치마를 착용했다. 상의는 원령에 앞섶이 오른쪽으로 치우친 형태로 소매통이 크고 양옆이 트여 있었다. 또 목둘레, 소매, 옷자락 등의 가장자리는 비단이나 자수로 장식했다. 치마는 바닥에 닿을 정도의 길이로, 일부에는 정교한 자수 장식이 들어가 있다. 이 사진은 청대 말기 귀부인의 복식을 기록한 귀중한 컬러 사진이다.

▲ **관모**
이 사진은 고궁박물원에 수장된 겨울용 (1) 관모와 여름용(2) 관모이다. 관모는 청대에 흔히 '정대(頂戴)'라고 불렀다.

궁혜 ▶
청대에도 여전히 전족의 기풍이 성행하면서 여성들은 마제형 또는 선형(船形)의 굽이 높은 신을 신었다. 이 사진은 현재도 민간에서 다수 소장한 '삼촌금련(三寸金蓮)' 즉, 전족을 한 여성이 신는 앞코가 뾰족한 자수 궁혜이다. 궁혜는 신과 양말이 일체화된 목이 긴 형태도 있고 전면에 자수 장식을 한 것도 있었다.

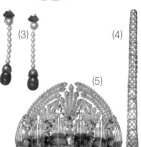

▲ **미인상**
청 왕조의 법령이었던 '남성은 (만주족의 제도를) 따르고 여성은 따르지 않는다'에 따라 남성은 변발을 하고 만주족의 복장을 착용해야 했지만 한족 여성은 신분에 관계없이 한족의 머리 모양이나 의복을 착용할 수 있었다. 그런 이유로 명대의 머리 모양과 화장이 청대에도 계속 유행했다. 이 그림은 명대의 머리 모양을 하고, 명대의 의복을 입은 청대의 미인화이다.

▲◀ **장신구**
(1) 비취와 보석으로 장식한 박쥐 문양을 새긴 은도금 비녀
(2) 네 마리 용과 구슬로 장식한 금제 팔찌
(3) 진주와 보석을 엮은 금제 귀걸이
(4) 동도금한 지갑투
(5) 은도금해 보석을 상감한 오봉문 머리 장식. 모두 고궁박물원의 수장품이다.

◀ **정자**(頂子)**와 화령**(花翎)
관리는 보자로 등급을 구별한 것 외에도 관모 윗부분에 달린 정자의 재질과 거기에 늘어뜨린 공작의 깃털로 만든 화령도 등급을 식별하기 위한 중요한 표식이었다. 이 사진은 고궁박물원에 수장된 1품 관리의 조관이다.

▲ **여의모**(如意帽)
남성은 행포를 착용할 때 과피모(瓜皮帽)를 썼다. 황제가 쓰는 과피모는 여의모라고 불리며, 윗부분에 붉은색 실로 엮은 매듭이 달려 있었다. 이 그림은 행포와 행괘를 입고 과피모를 쓴 광서제(光緖帝)의 초상화이다.

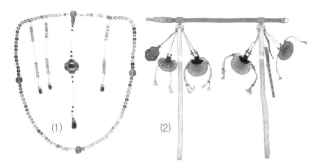

(1) (2)

▲ **조주**(朝珠)**와 허리띠**
관리는 조복과 공복을 착용할 때 조주(1)를 착용해야 했다. 남성의 허리띠는 '충효대'(2)라고도 불렸으며 띠에 매단 장식품은 신분과 지위를 상징하는 것이었다.

▲ **대랍시**
만주족 여성은 기포를 입을 때 반계(盤髻)를 한 후 천으로 된 관을 썼는데 이를 대랍시라고 칭했다. 그리고 관 크기에 관계없이 표면에는 진주, 옥, 비단으로 만든 조화 등을 꽂아 장식했다. 또 관의 한쪽 또는 양쪽에 술 장식을 늘어뜨리기도 했다.

농부의 모습 ▲
이 그림은 영국의 화가 윌리엄 알렉산더(William Alexander)가 중국을 방문했을 때 그린 농부의 모습으로, 전형적인 청대 중기의 변발을 하고 있다.

운견(雲肩, 어깨에 두르는 케이프 형태의 장식) ▶
청대의 여성은 길복(吉服)을 착용할 때 자수가 들어간 운견을 어깨에 둘렀다.

▶ 머리에는 대랍시(大拉翅)라고 하는 거대한 천 소재의 관을 썼다. 관 앞면에는 비단으로 만든 여러 개의 조화를 장식하고 비취와 보석을 상감한 은도금 비녀와 꽃 장식을 달았다.

▶ 머리 왼쪽에는 봉황으로 장식된 전자(鈿子)를 꽂고 귀에는 진주나 구슬로 장식한 금제 귀걸이를 착용했으며 손목에는 진주를 상감한 금팔찌를 찼다. 양손 약지와 소지에는 금사를 엮어 만든 표면에 진주와 보석을 박은 지갑투(손톱 덮개)를 끼고 왼손 중지에는 보석을 상감한 금반지를 착용했으며 오른손에는 석류 문양을 수놓은 부채를 들었다. 이런 장신구들은 모두 고궁박물원의 수장품을 바탕으로 했다.

▶ 여성이 착용한 기포(旗袍, 치파오)는 청화대학미술학원에 수장된 여러 층의 가선을 두른 기포의 한 종류인 창의(氅衣)를 바탕으로 했다. 자남색 단자로 만든 감견(坎肩, 소매가 없는 상의)은 개인 소장품을 바탕으로 했다. 자수가 들어간 남색 단자 기혜(旗鞋, 만주족 여성용 신)는 산둥성 박물관의 수장품을 바탕으로 했다.

▶ 청대 귀비의 복장

(전체 이미지는 청 왕조의 다라격격 [多羅格格, 작위명] 왕민동[王敏彤]의 흑백 사진을 바탕으로 했다.)

청대의 행포를 입은 무관의 복장 ▶

◀◀ 청대 중기의 변발을 한 남성은 무관의 행포(行袍)를 입고 그 위에 단수문(団寿紋)을 수놓은 행괘(行掛)를 착용했다. 목에는 탈착이 가능한 옷깃을 달았다. 행포, 행괘와 함께 고궁박물원의 수장품을 바탕으로 했다. 허리에 두른 충효대(忠孝帯)의 동제 대구에는 이룡문(鎻龍文)을 새긴 취청옥(翠青玉)이 상감되어 있다. 남성은 조복 포와 행포를 착용할 때 충효대를 해야 했다.

◀◀ 여진족 시대부터 만주족의 남성들은 변발을 했다. 청군이 중원을 제압하자 황제는 '머리털을 남기는 자는 머리가 온전하지 못할 것'이라는 엄한 법령을 반포해 전국 남성들에게 만주족의 풍습인 변발을 강요했다.

◀ 이 남성의 머리 모양은 청대 초기의 변발이다. 청대의 변발은 세 시기로 구분된다. 초기의 변발은 정수리 부분에 동전 크기 정도의 머리털만 남기고 깎은 뒤 길게 땋고 머리 뒤쪽에도 소량의 머리털을 남겨 짧게 땋아 내렸다. 중기에는 정수리 부분에 남긴 머리털이 밥공기 정도 크기로 커졌으며 후기가 되면 깎지 않고 남겨둔 머리털의 양이 점점 늘어나 나중에는 이마 윗부분만 깎고 뒷부분의 머리는 남겨 굵게 땋아 내렸다.

◀ 원령 형태에 소매통이 좁고 옷섶이 오른쪽으로 치우친 행포를 착용했으며 그 길이는 지면에서 1척(약 33.3cm)가량 올라간 길이로 만들어졌다. 바지 자락을 묶고 발에는 두 줄의 선이 들어간 신을 신었다. 허리띠를 두르고 궁낭(弓囊)과 요도(腰刀)를 찼으며 손에는 활과 화살을 들었다.

◀◀ 충효대에는 은도금한 용 문양이 새겨진 몽골도, 젓가락, 부싯돌 등의 장식품을 매달았다. 이런 장식품들은 모두 네이멍구 박물관의 수장품을 바탕으로 했다. 두꺼운 굽이 달린 관화(官靴)는 산시성(山西省) 진중시의 관료 가문에 대대로 전해지는 소장품을 바탕으로 했다.

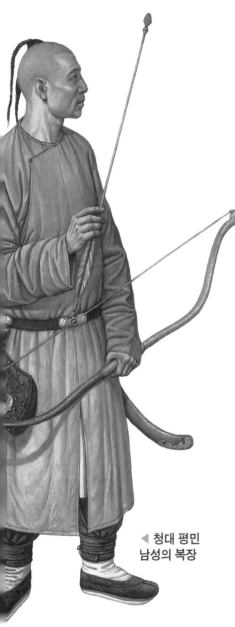

◀ 청대 평민
남성의 복장

청 왕조는 청일전쟁과 태평천국의 난을 거치며 국력이 쇠퇴하고 풍전등화와 같은 상황이었다. 1911년 신해혁명이 발발하고 1912년 중화민국이 성립하자 같은 해 2월 황제가 퇴위하면서 마침내 청 왕조는 막을 내렸다. 이로써 2,000 년 넘게 이어진 황제 제도도 종언을 맞았다.

◀ 양장
중화민국 건국 당초에는 서양의 영향으로 상류 계급의 사람들 대부분이 양복을 착용하고 가죽 구두를 신었다. 이 그림은 양장 코트를 입고 실크해트를 쓴 정부 고관으로, 중화민국 시기의 오래된 사진을 바탕으로 했다.

기장 ▶
청 왕조 시기의 만주족 귀족은 중화민국이 성립한 후에도 만주족의 전통 복식을 입었는데 이전에 비해 형식은 상당히 단순해졌다.

◀ 중산복(中山服)
중산복은 중화민국 건국의 아버지라고 불리는 쑨원 (孫文, 호는 중산)이 직접 고안한 의복이다. 이 그림은 쑨원이 처음 일곱 개의 단추가 달린 중산복을 입었을 당시의 기념사진을 바탕으로 했다. 중산복은 탄생하자마자 국민 정부 관료들의 제복이 되었으며 이후 국민당과 중국 인민해방군의 군복을 비롯해 중화인민공화국 성립 이후의 인민 정부 제복에 이르기까지 모두 중산복의 형식을 계승했다. 유일하게 바뀐 것은 당초 일곱 개였던 단추가 다섯 개가 된 것이다.

▼ 높은 옷깃
중화민국 시기 여성의 복식은 서양식과 중국식의 두 종류로 나뉜다. 서양의 유행 패션을 착용한 여성도 종종 있었지만 대부분의 여성은 기포를 입었다. 한족 여성은 기포를 개량해 선풍적인 인기를 모은 높은 옷깃을 단 기포를 만들어냈다.

▶ 장삼
젊은 학생들은 중앙에서 가르마를 탄 짧은 머리를 하고 장삼을 즐겨 입었다. 이 그림은 당시의 사람들이 생각하는 명망 있는 청년의 모습을 그린 것이다.

◀ 장삼과 과피모
서민 남성은 여전히 과피모, 장삼, 삼첩고를 착용했다. 또한 바지 자락을 묶고 발등 부분에 두 줄의 선이 들어간 신을 신었는데 이런 복식은 청대 말기의 양식이었다.

중화민국 시대가 되면 전통적인 장신구가 점차 줄고 전 국민이 간소함을 중시하게 되면서 남녀 모두 손목시계 이외에는 착용하지 않게 되었다. 개혁·개방 이후 여성은 서양풍의 목걸이와 반지 등의 장신구를 착용했으며 옥제 팔찌가 유일한 전통 장신구였다. 중화민국부터 현재에 이르기까지 시대에 따라 가장 특징적인 변화를 나타낸 것은 머리 모양이었다.

◀ **남성의 머리 모양**
중화민국이 수립된 이후 변발 폐지령이 내려지자 각 계층의 남성들은 변발을 잘라냈다. 그 후 남성의 머리 모양은 앞가르마, 옆 가르마, 올백, 삭발, 반삭 등이 유행하기 시작했다. 머리 모양에 따라 콧수염의 형태도 다양했다. 그중에서도 삭발한 머리에 팔(八)자 모양의 수염 또는 반삭한 머리에 짧은 수염을 기르는 것이 군인들 사이에 인기가 있었다.

여성의 머리 모양 ▶
중화민국 초기에 대부분의 만주족 여성은 여전히 (1) 양파두(兩把頭), (2) 관음고계(觀音高髻), (3) 삼환계(三鬟髻) 등의 전통적인 만주족의 머리 모양을 하고 있었다. 한편 대부분의 한족 여성은 머리 뒤쪽에서 반계(盤髻)를 했는데 이런 머리 모양은 중화인민공화국 건국 이후인 1950년대까지 계속되었다.

 (1)
 (2)
 (3)

◀ **여성의 머리 모양**
중화민국 중기부터 후기에 걸쳐 대부분의 여성들은 머리를 짧게 자르거나 두 갈래 또는 한 갈래로 길게 땋아 내렸다. 상류 계급 여성들 사이에서는 짧게 자른 머리에 파마를 하는 스타일이 유행했다.

▼ 젊은 여성의 머리 모양에 시대적인 특징이 나타난다. 앞머리는 눈썹 언저리에서 자르고 뒷머리는 틀어 올렸다. 젊은 여성들은 소매통이 넓게 펴지고 밑단이 둥글게 재단된 짧은 상의에 긴 치마 또는 짧은 소매의 기포를 입는 방식을 즐겼다.

◀ 젊은 남성은 머리를 짧게 자르고 중절모를 썼다.

◀ 장삼을 입고 그 위에 마괘를 착용했다.

▶ 중화민국 초기 젊은 여성의 복장

◀ 중국식 긴 바지를 착용하고 바지자락을 넓은 띠로 감았다.

▶ 팔에는 전통적인 장신구인 옥제 팔찌를 착용했다.

◀ 중화민국 시기의 유복한 남성의 복장

▶ 주름치마에 흰색 양말을 신고 앞코가 뾰족한 검은색 가죽신을 신었다. 가죽신의 형태로 볼 때 그림 속 여성은 전족을 했던 것으로 보인다.

▲ 흰색 사(紗) 양말에 검은색 헝겊신을 신었다.

◀ 남성의 중국식 복장
중화인민공화국이 성립한 이후 오랫동안 정부 지도자부터 일반 서민에 이르기까지 남성의 복장은 기본적으로 중산복이었다. 한편 농촌 남성들 사이에서는 길이가 긴 마괘와 같은 중국식 의상이 유행했다.

당장(唐裝) **▶**
양장은 점차 남성 정장의 주류로 정착했으나 중요한 자리에 참석할 때는 당장이라고 불린 중국식 의복을 착용하는 남성들도 있었다.

▲ 기포
중화인민공화국의 건국 당초 중·장년층 여성은 여전히 기포에 긴 바지를 입었다. 하지만 1950년대 후반부터는 젊은 여성과 마찬가지로 목둘레가 사각형으로 파인 방령(方領) 형태의 블라우스에 긴 바지를 입고 봄·여름철에는 긴 치마를 착용했다.

짧은 블라우스와 치마 ▶
중화인민공화국 초기 젊은 여성들은 짧은 블라우스에 치마를 입고 머리를 땋은 스타일을 즐겼다.

◀ 원피스
1960년대부터 70년대에 걸쳐 원피스가 유행했다.

여성의 양장 ▶

개혁·개방 이후 여성의 복식은 빠르게 변화하며 중국과 서양의 스타일을 융합한 복장이 출현했다. 예컨대 폴리에스테르 계통의 화학섬유로 만든 양복 등은 전체적인 양식은 서양풍이었지만 재단이나 재봉에는 중국식을 도입했다. 이런 의상에 당시 유행하던 나팔바지를 곁들이면 한층 세련된 정장이 되었다.

◀ 나팔바지

1980년대 초 나팔바지는 젊은 여성뿐 아니라 젊은 남성에게도 인기가 있었다.

▲ 여성의 머리 모양

1960년대 이후 중국에서는 파마를 하는 여성이 크게 줄었다. 젊은 여성은 머리를 땋고 중년 여성은 짧은 머리를 주로 했다. 하지만 1976년(문화대혁명 종결) 이후가 되면 유행에 민감한 남방 지역의 여성들 사이에서 새로운 파마 스타일이 유행하기 시작해 개혁·개방 후에는 스타일이 한층 더 다양해졌다.

▶ 중년 여성의 머리 모양은 대부분 어깨에 닿을 듯할 정도의 길이에 파마를 했다.

중년 여성의 복장 ▶

▶ 줄무늬 직물로 만든 민소매 기포를 입고 왼쪽 팔목에는 여성용 손목시계를 착용했다.

▶ 남성은 옆 가르마를 탄 머리 모양을 하고 있다.

남성 청년 간부의 복장 ▶

▼ 파마를 해 풍성하게 부풀린 머리 모양을 당시는 '장파랑(長波浪)'이라고 불렀다. 중국식과 서양식을 융합한 슈트를 착용했다.

▼ 장식 단추를 단 중국식 상의는 서양식으로 재단했다. 나팔형 바지는 서양에서 유행한 박래품(舶來品)이다.

◀ 의복의 색상은 '철수홍(鉄銹紅)'이라고 불린 것으로 진홍색과 자홍색의 중간 정도의 명암을 지닌 색상으로 세련된 인상을 준다. 이 색상은 1980년대부터 90년대에 걸쳐 여성들이 결혼식 의상으로 제일 먼저 꼽았던 색이었다.

▶ 중산복을 착용했다.

▲ 발에는 비단 양말과 흰색 가죽 구두를 신었다. 당시 유행한 조합이다

▶ 바지 밑단을 접어 붙인 슬랙스를 착용했다.

▲ 개혁·개방 초기 젊은 여성의 복장

◀ 여성이 착용한 하이힐은 당시 가장 유행했던 스타일이다.

◀ 검은 가죽 구두를 신고 있다.

▲ ▶ 투구

베이징시 딩링에서 출토된 철제 투구이다. 투구의 가장자리와 윗부분의 표면은 모두 도금을 했으며 황금으로 만든 신상을 붙여 장식했다. 후베이성 양장왕 묘에서 출토된 철제 투구는 아교를 이용해 마포를 붙인 후 옻칠을 했으며 정면에는 금가루로 '날랠 용(勇)' 자를 써넣었다.

▲ 갑옷

명대 초기의 갑옷은 기본적으로 송대의 형식과 동일하며 미늘을 엮어 만들었다. 광저우시의 명대 묘에서는 실물이 출토되기도 했다. 이 그림의 철제 갑옷은 실물을 바탕으로 했다. 가슴 앞쪽을 이중으로 덧댄 견고한 갑옷이다.

◀ 이갑(彝甲)

명대에 쓰촨성 량산의 이족(彝族)은 독특한 형식의 이갑을 착용했다. 이 가죽 갑주는 복잡하고 정교한 제작 방식으로 방어 성능을 높였다. 즉, 가슴과 등 부분은 여러 겹의 가죽을 겹쳐 만들고 허리 아래쪽은 작은 미늘을 엮은 후 소가죽 허리띠를 둘러 착용했다. 또 방패를 드는 왼손에는 손목 보호대만 하고 오른손은 아래팔 전체를 감싸고 팔꿈치까지 튀어나온 보호대를 착용했으며 양 무릎도 보호대로 감쌌다. 가장 특징적인 것은 투구로, 커다란 원형 투구로 머리 윗부분을 덮고 작은 원형 보호대로 귀 부분을 덮어 얼굴을 보호했다. 이갑은 1949년 이후에도 생산되었다.

◀ 쇄자갑(鎖子甲)

쇄자갑은 군복 위에 직접 착용하기도 했다. 산시성(山西省) 유위현 바오닝시의 벽화에는 쇄자갑 상하의를 입은 군인의 모습이 그려져 있다.

군복 ▶

명대의 군복은 주로 결고포였으며 허리에는 한요(捍腰)나 포두를 감았다. 원통형으로 된 한요는 허리에 감은 후 가죽 띠를 둘러 착용했다. 장교는 군복을 입을 때 작은 모자나 두건을 쓰고 목이 긴 신을 신었다. 이 그림은 산시성(山西省) 유위현 바오닝시 벽화에 그려진 하급 무관의 모습이다.

▲ 포면갑(布面甲)

명대에는 화기가 매우 발달했기 때문에 신식 무기를 사용한 전투에 적응하기 위한 포면갑이 널리 사용되었다. 포면갑 안에는 원대의 쇄자갑을 착용했으며 가슴 앞쪽, 등, 배, 양 넓적다리 등의 중요 부분에는 강철 미늘을 부착했다. 이 그림은 산시성(山西省) 박물원에 수장된 포면갑을 바탕으로 했다.

▲ 비호(臂護)

황실의 금군은 포면갑의 양쪽 팔 부분을 철제 미늘을 엮은 비호로 감쌌다. 이 비호는 황제나 장군이 갑주를 착용할 때에도 사용되었다. 이 그림은 명대 만력연간(萬曆年間, 1573~1620)에 궁정 화가가 그린 '출경입필도(出警入蹕圖)'에 등장하는 갑옷에 비호를 착용한 황실 금군의 모습이다.

청대에는 전장에서 대량의 화기와 폭약이 사용되면서 방호구인 갑주의 중요성이 점차 약화되었다. 그러다 청 말기 서양의 총포가 도입되면서 마침내 갑주는 그 역할을 다하고 의장용 복식의 하나가 되고 말았다. 그 후 청군의 갑주는 명갑(明甲)과 암갑(暗甲)으로 나뉘었으며 그 형식은 불과 한 종류뿐이었다.

▶ **대열갑**(大閱甲, 명갑)
명갑이란 직물 표면에 철제 미늘을 노출시킨 형식의 갑주이다. 고궁박물원이 수장한 건륭제의 대열갑은 전부 60만 개의 미늘을 엮어 만들었다. 금, 은, 동으로 덮은 미늘과 색을 칠한 미늘을 엮어 표현한 갑옷의 용 문양은 완성되기까지 3년의 세월이 걸렸다고 한다.

◀ **무관의 금갑**(錦甲, 암갑)
암갑이란 갑옷의 안팎을 모두 직물로 만든 명대의 포면갑이다. 다만 중요한 방어 부위에는 철제 미늘을 덧댔다. 또 장군의 갑옷 중에는 옷자락에 미늘을 엮어 노출시킨 것도 있었다. 이 사진은 네이멍구 박물원에 수장된 무관용 금갑이다.

◀ **군복**
청군 병사의 군복은 상의와 바지로 구성되었으며 서민과 마찬가지로 바지자락을 묶고 헝겊신을 신었다. 또 상의 위에는 마갑을 착용했는데 마갑의 가슴 앞쪽과 등 부분에는 흰색 원형 천을 덧대 군번과 이름 또는 관직을 기재했다. 머리에는 가을·겨울에는 두건, 봄·여름에는 장군과 동일한 양모(凉帽)를 썼으나 정자와 화령은 달려 있지 않았다. 이 그림은 '점석재화보(點石齋畫報)'에 그려진 청군 병사의 모습이다.

◀ **수군의 피갑**(皮甲)▶
고급 장교가 개인적으로 주문한 갑주도 있었다. 예컨대 후먼 해전박물관에 수장된 수군 제독의 갑피가 있는데 이 갑옷은 명대 티베트족의 갑피와 매우 유사하다.

◀ **군복**
청대 중기부터 후기에 걸쳐 많은 군대가 군복만 입고 전장에 나갔으며 장교들은 군복으로 행포를 착용했다. 간혹 장병들은 보병전에 편리하도록 옷 앞자락을 걷어 올려 허리띠에 끼운 후 삼각형의 전군(戰裙, 또는 마군[馬裙]이라고도 불린다) 형식으로 묶었다. 이 그림은 청대의 '점석재화보'에 그려진 전군 차림의 명장의 모습이다.

청 말기 근대화된 군대의 사관은 예복과 평상복을 착용했으며 병사는 평상복(즉, 군복)만 있었다. 장병의 등급은 계급 제도에 따른 표식(모장, 견장, 금장, 수장, 측장)으로 식별했다. 어떤 의미에서 중국 군대의 근대화는 1895년(청일전쟁의 패배)에 시작되었다고 할 수 있다.

◀ 금갑
청대 말기에 팔기군(八旗軍)은 모두 금갑을 착용하게 되었다. 금갑은 갑주의 형식을 유지했지만 온전히 직물로 제작되었으며 표면에는 동제 징이 촘촘히 박혀 있다.

포면갑 ▶
갑주는 황제, 장군, 병사를 가리지 않고 모두 동일한 상의하상 형식이었다. 또한 투구의 형식도 장식과 재료의 차이는 있지만 외형은 모두 같았다. 이 그림은 고궁박물원에 수장된 위안스카이(袁世凱)의 포면갑 실물을 바탕으로 했다.

▲ 신군의 군복
청일전쟁 이후 청 왕조는 군을 개혁하고 서양의 연병 방식을 토대로 신식 군대를 편성했다. 육군의 신식 무기는 모두 독일에서 주문했으며 교관도 독일에서 불러와 병사들을 훈련시켰다. 그런 이유로 중국 최초의 근대화된 군복은 기본적으로 독일식이었다. 이 그림은 새롭게 편성된 육군 장병의 군복으로, 오래된 역사 사진을 바탕으로 했다.

중화민국 이후의 군인은 군복만을 착용했다. 역사상 청 왕조가 멸망한 이후의 중화민국 정부는 북양정부(北洋政府, 1912~1928년)라 칭했으며 당시의 군대는 북양신군(北洋新軍)이라고 불렸다.

국민 혁명군의 군복 ▶
난창 봉기 당시 국민 혁명군의 군복을 입은 봉기군의 모습이다. 봉기군은 아군과 적을 구별하기 위해 붉은색 넥타이를 착용했다.

◀ 북양군의 군복
위안스카이의 신군은 이후 일본인 교관을 대거 초빙하고 군복도 일본식 군복을 채용했다. 이 그림은 북양군 사관의 예복과 병사의 군복이다. 군복의 양 어깨에 붙인 빳빳한 견장은 전형적인 일본식 견장이다.

◀ 홍군의 군복
중국 공산당이 설립한 중앙 홍군은 중산복 양식의 군복을 도입했으며 군모는 팔각모였다.

해방군의 군복 ▶
1945년 국민당과 공산당이 분열하면서 중국 공산당이 이끄는 팔로군과 신사군은 중국 인민 해방군으로 재편되었다. 그리고 해방군의 군복에는 또다시 중산복 양식의 군복이 채용되었다.

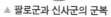

▲ 팔로군과 신사군의 군복
시안 사변 이후 국민당과 공산당은 다시 힘을 합쳐 일본에 맞섰다. 홍군은 팔로군과 신사군으로 재편되었으며 군복은 국민당 지방 부대의 군복으로 변경되었다.

◀ **독일식 군복**
국민당 정부는 초기에 독일과 동맹을 맺고 독일 교관을 초빙해 군대를 훈련시켰다. 독일식 군복을 입은 국민당 장교들이다.

▶ **미국 군복**
항일전쟁 말기 국민당 정부가 미국으로 망명하여 대량의 미국 무기를 구입하였으며, 장제스 부대는 미국 장비로 무장하였다. 미국의 여름 군복을 입은 군인들이다.

군의 계급 제도 ▶
홍군부터 중국 인민해방군에 이르기까지 1955년 이전의 군대에는 계급 제도가 따로 없고 군복의 주머니 개수로 사관과 병사를 구별했다. 즉, 사관의 군복에는 주머니가 네 개였으며 병사의 군복은 주머니가 상단의 두 개뿐이었다. 1955년 중국 해방군은 소련군을 참고해 처음으로 계급 제도를 실시했다. 이 그림은 중산복 양식의 55식 군관복이다.

해방군의 군복 ▶
1966년부터 1976년 사이(문화대혁명 기간) 군대의 계급 제도가 철폐되었으나 1976년 이후 또다시 새로운 계급 제도가 부활했다.

칼럼

복식은
문화의 문을 여는
패스워드

선사 시대의 놀라운 '첨단 기술'

중국의 유명한 사자성어 중 '철저마침(铁杵磨针, 쇠공이를 갈아 바늘을 만든다)'이라는 말이 있다. 열심히 노력하면 무엇이든 이룰 수 있다는 뜻으로 사용되지만, 곰곰이 생각해보면 쇠공이를 아무리 가늘게 갈아도 바늘은 되지 않는다. 바늘의 가장 중요한 요소는 바늘구멍이다. 이 구멍이 있기 때문에 여기에 실을 꿰어 사용할 수 있는 것이다. 가는 바늘에 작은 구멍을 뚫는 것은 쇠공이를 갈아 바늘로 만드는 것보다 훨씬 어려운 작업이다. 공구가 없다면 절대 불가능한 일일 것이다. 하지만 놀랍게도 중국에서는 약 1만 3,000년 전 구석기 시대에 그것을 해낸 것이다.

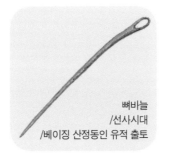

뼈바늘
/선사시대
/베이징 산정동인 유적 출토

산정동인의 유적에서 출토된 뼈바늘은 현대의 바늘에 비해 크지만 형태나 구조는 거의 동일하다. 독자 중에는 뼈바늘이 금속 바늘보다 부드럽기 때문에 쉽게 만들 수 있을 것이라고 생각하는 사람도 있을지 모른다. 물론 재질에 대해 말하자면 뼈바늘이 금속 바늘보다 연마하기 쉬운 것은 분명하다. 하지만 고작 3mm 굵기의 뼈바늘 머리 부분에 작은 구멍을 뚫는 것은 결코 쉬운 일이 아닐 것이다. 앞서 이야기한 쇠공이를 갈아 바늘로 만든다는 말에서 구멍을 뚫는 것까지 언급하지 않은 것은 노력하면 이룰 수 있다는 예를 든 것에 불과하기 때문이다. 과연 산정동인은 어떻게 바늘에 구멍을 뚫었을까.

아마 그들은 수많은 돌 중에서 단단한 돌을 찾아내 두드리고 깨서 모서리를 날카롭게 만들거나 끝을 뾰족하게 만든 후 그것을 이용해 신중에 신중을 거듭하며 연마를 마친 뼈바늘에 구멍을 뚫었을 것이다. 그런 오랜 시간에 걸친 부단한 노력 끝에 마침내 작은 구멍을 뚫고 여기에 실을 꿰어 의복을 지었던 것이다. 또 바늘구멍을 뚫는 과정에서 가공 실패로 얼마나 많은 뼈바늘이 부서지거나 부러졌을 것인가. 그렇게 생각하면 유적에서 출토된 뼈바늘은 수십, 수백 혹은 수천 개 이상의 뼈바늘 중에서 탄생한 몇 안 되는 완성품 중 하나였다는 것을 알 수 있다.

당연하게도 뼈바늘의 제조 기술이 점차 진보하면서 신석기 시대 중국에서는 매우 정교하고 아름다운 뼈바늘이 만들어졌다. 뼈바늘은 당시의 가장 뛰어난 '첨단 기술' 제품이었다고 할 수 있다.

은대 옥인상이 입은 의복의 비밀

옥인상
/ 은
/ 허난성 안양 부호 묘 출토

1976년, 허난성 안양시 서북쪽에 위치한 샤오툰춘에서 은대 왕족의 묘가 발견되었다. 묘실은 소규모였지만 보존 상태가 양호해서 청동기, 옥기, 골기 등 1,928점에 이르는 정교하고 아름다운 부장품이 출토되었다. 출토품들은 모두 정교한 기술로 만들어진 국보급 문물로, 은대의 수공업이 고도의 수준에 달했다는 것을 여실히 보여주는 것이었다.

출토된 대부분의 청동기에는 '부호(婦好)'라는 두 자의 명문(銘文)이 새겨져 있었다. 부호는 은왕 무정(武丁)의 아내이자 무장으로 중국 역사에 등장하는 최초의 여성이다. 수차례 군을 이끌고 출병해 은왕

무정을 보좌하며 다수의 빛나는 공적을 세운 것으로 알려져 있다. 안양의 은허에서 출토된 1만여 점의 갑골문 중 무려 200점 이상이 그녀에 관한 내용이었던 것만 보더라도 얼마나 대단한 존재였는지 유추해볼 수 있다.

부호 묘에서 출토된 옥기 중에서도 높이 7cm의 옥인상은 은·주 시대 옥기 예술의 백미이자 당시의 복식 양식을 알 수 있는 중요한 물증으로 복식사에서도 크게 주목을 받았다. 옥인상은 정좌한 모습으로 양손을 무릎 위에 얹고 교령(交領, 가슴 앞쪽에서 여미는 옷깃)으로 된 윗옷에 치마(裳)를 입고 폭이 넓은 허리띠를 둘렀으며 윗

옷과 허리띠에는 화려한 문양이 장식되어 있다. 또 머리에는 따로 만든 고리 모양의 쓰개를 얹고 이마 위쪽에 원통 형태의 관 장식이 달려 있다.

이 옥인상은 하·은대 복식 연구에 다음과 같은 귀중한 정보를 제공했다.

①은대 귀족의 복식은 상의하상으로 허리에 띠를 둘러 착용했는데 이런 형식은 같은 시기 출토된 작례와 모두 일치한다.

②옥인상의 관 장식은 아마도 은대 여성 귀족의 머리 장식을 표현한 것으로, 지금의 티베트족이나 야오족 등 오랜 역사를 지닌 소수민족 중에도 천을 원통 모양으로 말아 여성의 머리 앞쪽을 장식하는 형식을 확인할 수 있다.

또한 다음과 같이 생각하는 연구자도 있다.

③옥인상의 관 장식은 고대 문헌에 기록된 하·은 이래의 노예주나 귀족의 관모인 '무추(毋追)' '후(冔)' '장보(章甫)' '위모(委貌)' 등을 표현한 것이거나 혹은 그것들과 어떤 공통점이나 유사성이 있는 것으로 보인다.

④옥인상은 부호 묘의 부장품이기 때문에 다소나마 부호 본인과 관계가 있을 것이다. 만약 옥인상의 복장이 부호의 모습을 표현한 것이라고 한다면 태곳적 귀족 남녀는 공통된 관복을 착용했으며 왕의 의복 또는 왕비의 의복과 같은 명확한 구별은 없었을 것으로 추정된다. 부호는 무장이었기 때문에 성별에 의한 복장상의 차이는 더욱 불분명했을지 모른다.

부호 묘에서는 청동제 무기도 여럿 출토되었는데 그중 무게 9kg의 동월(銅鉞, 청동 도끼)은 부호가 전투에서 사용한 무기라고 한다. 월(鉞)은 도끼를 뜻하는데, 선진(先秦) 시기에는 의식에 사용하는 것을 '월'이라고 부르며 무기나 도구로 사용하는 것은 부(斧)라고 불렀다. 이렇게 무거운 무기를 들고 과감히 전투에 나섰던 여성은 아마도 탁월한 무용의 소유자였을 것이므로 은왕 무정과 비슷한 복장을 착용했을 것으로 보는 것이 타당할 것이다.

허난성 부호 묘에서 출토된 일급 문물은 주로 중국 국가 박물관과 허난성 박물원에 수장되어 있다. 우리는 그 문물을 통해 약 3,200년 전 은 왕조 때 활약한 여성 무장의 눈부신 모습을 확인할 수 있다.

신장에서의 놀라운 발견
3,000년 전의 코트

담황색 갈 장의
/ 서주
/ 신장 웨이우얼 자치구 수바시 고분 유적 출토

1970년대 후반, 신장 웨이우얼 자치구 산산현 수바시춘에서 기원전 1000년경의 유적이 우연히 발견되었다. 이 유적에서는 주거지도 발견되었는데 그보다 더 많았던 것이 고분의 수였다. 그 고분에서는 생활용품, 노동 도구, 수렵용 활과 화살이 다수 출토되었다. 그리고 놀랍게도 1호 묘의 남성 미라가 입고 있던 의복, 신, 모자가 거의 완전한 상태로 보존되어 있었다. 이렇게까지 보존 상태가 양호했던 것은 신장의 기후(건조, 겨울 추위, 밤낮의 큰 일교차 등) 덕분으로, 지금까지 발견된 고대의 직물과 의복 대부분이 신장에서 출토되었다. 이 묘의 남성은 거친 직물로 만들어진 크림색 코트를 입고 매장되었다. 이 코트가 만들어진 연대를 알 수 있는 문자 자료는 출토되지 않았지만 방사성 탄소(C14)로 무덤의 연대를 측정하자 기원전

1000년경의 고분이라는 결과가 나왔다. 이로써 남성이 입고 있던 코트가 중국에서 가장 오래된, 그리고 가장 보존 상태가 좋은 3,000년 전의 의복이며, 서주 시대 초기(철기 시대 초기에 해당)의 것이라는 사실이 판명된 것이다.

이 크림색 코트는 소매 폭이 좁은 앞여밈 형식으로 만들어졌으며 단추나 끈으로 옷자락을 여민 흔적은 없었다. 어쩌면 착용 후 허리띠로 여미는 타입의 의복이었을지도 모르지만 이때는 허리띠나 단추가 필요 없었던 것으로 보인다. 이런 종류의 상의는 기마(騎馬)에 뛰어난 유목민이 입기에 적합한 것으로 한에서 진(晉)나라 시기, 흉노가 입었던 상의와 매우 유사하다.

고대의 중국은 역사적으로 보면 북방 지방은 늘 유목 민족의 침입을 받았다. 『사기』의 기술에 따르면, 황제(黃帝) 시대 북방에는 이민족인 훈육(葷粥)이 세력을 떨쳤으며 주 왕조 초기에는 험윤(獫狁)이라고 불렸다고 한다. 또 같은 시기, 견융(犬戎)도 북방에서 세력을 확대하고 서주의 멸망을 이끌었을 정도였다고 한다. 또한 『예기(禮記)』 왕제 편에는 고대의 영토가 '북으로는 헝산(恒山)에 미치지 못한다'고 쓰여 있는데, 여기서 말하는 헝산이란 지금의 허베이성 바오딩의 대무산을 가리키는 것으로 평지인 헝산 남쪽에는 한족이 거주하고 산지인 북쪽에는 산융(山戎)이 정착했다는 것을 알 수 있다. 이처럼 고대의 문헌을 조사해보면, 지금의 산시성(陝西省) 동부 그리고 산시성(山西省)과 허베이성의 광대한 지역은 춘추 시대 이전에는 대부분 유목 민족의 활동 범위였다는 것을 알 수 있다. 그리고 그로부터 한참 멀리 떨어진 신장도 서주 시대에는 견융의 생활권이었을 가능성이 높기 때문에 이 크림색 코트는 견융의 의복이었을지 모른다. 이 복장 양식이 서주 시대 한족의 것과 다르다는 것을 생각하면, 꽤 사실에 가까운 추론이 아닐까. 3,000년이 넘는 긴 세월은 수많은 역사적 사실을 감추고 있지만 조사와 탐구를 통해 종종 놀랍기 그지없는 뜻밖의 발견을 하기도 한다.

역사에서 사라진 예국

춘추 시대 귀족의 화려한 금옥 장식

중국의 역사에서 종종 '팔백리진천(八百里秦川, 웨이수이 유역에 펼쳐진 평원)'이라고 칭해지는 관중평야는 주(周) 왕조의 발상지이다. 주 무왕(武王)은 은(殷) 주왕(紂王)을 정벌하고 주 왕조를 건국한 후 형제 15명과 희성(姬姓) 동족 40명을 제후로 봉했다. 무왕의 의도는 비옥한 관중평야를 도읍으로 삼아 그 주위에 크고 작은 나라들을 두루 배치해 수도의 방어를 굳건히 하는 것이었다. 하지만 수천 년 동안 관중평야는 끊임없이 군웅이 천하를 다투는 전장이 되었기 때문에 사서에 기록된 고대의 봉건 제국은 증발이라도 한 듯 흔적도 없이 사라져 지금은 그 시대를 이해하는 것조차 어려운 상황이 되고 말았다.

2004년 초겨울, 산시성(陝西省) 문물국은 한성시 량다이춘에서 주 왕조의 묘를 발견했다. 그리고 3회에 걸친 대규모

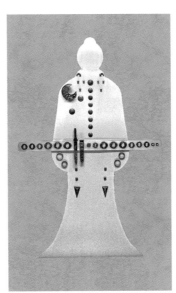

예 환공의 전신에 장식되어 있던 금제 장신구
/ 서주 / 산시성 한성시 량다이춘 양주 유적 출토

발굴 조사로 서주, 춘추, 전국 시대의 묘 1,300여 기가 특정되었는데 그 대부분이 신분이 높은 귀족의 묘로, 보존 상태도 양호했다. 수년에 걸친 발굴 결과, 이들 묘에서는 놀랍게도 3만 6,000점이 넘는 다양한 문물이 출토되었다. 출토된 수많은 청동기에 새겨진 명문(銘文)에 따르면, 이들 묘는 예, 진, 괵, 필, 요 등의 제후국으로 문헌상에 존재하는 예, 필, 요 등의 나라 외에는 거의 알려져 있지 않은 나라들이었다.

량다이춘의 출토품 대다수는 복식에 관련된 것으로, 노예 사회나 봉건 사회의 복식 제도와 관련이 있는 것으로 추정되었다. 그 실례로 27호 묘에서 출토된 칠황연주조(七璜連珠組) 옥패를 들 수 있다(p.11 참조). 이것은 여성용 목걸이가 아니라 당시 소국의 남성이 신분을 나타내기 위해 착용했던 옥패이다. 묘 주

인의 가슴 부분에서 발견된 이 옥패는 고증에 따르면 위아래 일곱 개의 초승달 모양의 황황(橫璜, 벽[璧]을 반으로 자른 형태의 옥)이 있는 것은 공작의 지위를 나타낸다고 한다.

또 같은 묘에서 출토된 청동기의 명문에 따르면 묘 주인은 예국의 환공(桓公)이었다는 것이 판명되었다. 예 환공은 칠황연주조 옥패와 같은 고급 옥패를 착용했을 뿐 아니라 의복에도 수많은 금제 장식품을 사용했다. 예컨대 그의 오른쪽 어깨에 있던 초승달 모양의 금제 어깨 장식을 보면 투조와 조각으로 된 두 가지 용 문양이 있고 상하의 옷자락에는 작은 구멍이 여러 개 뚫려 있었다.

이 구멍은 실을 꿰어 장신구를 달기 위해 이용했다는 것을 의미한다. 또 묘 주인의 가슴과 복부 특히 허리 주변에는 다수의 용과 짐승의 얼굴 문양과 사각형, 삼각형, 원형의 금제 장식이 있었으며 이는 모두 의복과 허리띠의 장식품이었다. 이를 통해 춘추 시대에는 소국의 남성들도 호화로운 복식을 착용했다는 것을 알 수 있다.

그중에서도 특히 눈길을 끄는 것이 묘 주인의 허리에 있던 옥검(玉劍)이다. 이 옥검은 전체가 한 개의 옥을 조탁해 만든 매우 정교한 것이었을 뿐 아니라 아름다운 문양이 투조된 금제 검집도 있었다. 옥검과 금제 검집이 출토된 것은 중국의 고고학 역사상 극히 드문 예로 검집의 형태로 볼 때 이 옥검은 허리띠에 찼던 것으로 추정된다. 묘 주인의 가슴과 복부에 흩어져 있던 금제 장식품 중 검띠에 해당하는 장식품이 다수 포함되어 있었기 때문이다.

량다이춘 예국 묘에 있는 26호 묘는 출토된 청동기에 새겨진 '중강(仲羌)'이라는 명문을 통해 예 환공의 부인이었던 예강(芮姜)의 묘일 가능성이 높다는 것을 알게 되었다. 이 묘에는 목걸이, 팔찌, 펜던트, 발찌 등 여성용 옥제 장신구가 부장되어 있었으며 손에 쥐고 있던 옥 제품도 있었다.

또 사다리꼴 형태의 옥패가 출토되었는데 이것은 예 환공의 칠황연주조 옥패와 같이 신분을 나타내는 옥 장식품으로 매우 정교하게 만들어졌다. 그뿐 아니라 용 문양이 새겨진 옥제 단검까지 발견되었다. 유일하게 예 환공 묘의 부장품과 다른 점은 환공 부인의 묘에는 금으로 만든 물건이 없었다는 점이다. 그것은 아마도 춘추 시대 귀족 남녀의 복식 규정 및 등급 제도 때문이었을 것으로 추정된다.

현재 한성시 량다이춘 유적 일대는 큰돈을 들여 유적 박물관 및 그와 관련된 관광 시설의 건설이 진행되고 있다. 시안을 방문한다면 병마용 박물관을 견학한 후 한성을 찾아 춘추전국 시대의 문화를 체감해보는 것도 좋을 것이다.

일 년 열두 달 입는 옷

심의를 지을 때 지켜야 할 규정

『예기』 옥조 편에는 '아침에는 현단(玄端)을 입고, 저녁에는 심의를 입는다'고 쓰여 있다. '현단'이란 격식을 갖춘 상하의 예복을 말하며 관리는 아침에 꼭 현단을 착용해야 했다. 한편 저녁에는 간편한 '심의'를 착용할 수 있었다.

그렇다면 심의는 어떤 옷이었을까. 본래 의복은 상하의가 따로 만들어져 있었으나 상하를 연결해 일체화한 것이 심의로, 긴 형태로 만들어졌다. 심의를 지을 때는 하의에 해당하는 부분에 여섯 장의 천을 각각 둘로 나눠 재단해 열두 장으로 만든 후 일 년 열두 달 입을 수 있도록 만들었다. 이처럼 간소화된 복장이기는 해도 하늘과 땅을 숭배하는 고대인의 사상이 담겨 있는 만큼 격식을 갖춘 예복이라고도 할 수 있다. 심의는 보통 흰 옷감을 사

심의를 입은 목용
/ 전국/ 후난성 창사시 출토

용하지만 재계(齋戒) 때는 검은색으로 염색한 심의를 착용했으며 색조가 필요한 경우는 옷깃, 소매, 앞섶 등에 색깔 있는 천으로 가선을 두르기도 했다.

또 한 가지, 심의를 지을 때는 '옷자락이 땅을 덮지 않아야 한다'는 규정이 있었다. 즉, 옷이 땅에 닿지 않도록 발목(지면에서 약 12cm) 정도 길이로 지어야 했다. 하지만 이 규정은 실생활에서는 엄격히 지켜지지 않은 듯했다. 예컨대, 초나라 사람들은 옷의 길이가 짧으면 품격이 없다며 길이가 긴 심의를 착용했다. 그런 경향은 이 지방에서 출토된 목용을 보면 분명히 알 수 있는데, 하나같이 길이가 긴 심의를 입은 모습으로 표현되어 있기 때문이다. 그들은 옷자락이 지면에 끌릴 정도로 긴 심의에 아름다움을 느낀 것이다.

진대 복식 연구의 난제

진의 시황제가 동방 순행 도중 세상을 떠난 후 2,200년 이상의 세월 동안 그에 관한 논의가 끊이지 않았을 만큼 그의 지명도는 대단했다. 시황제는 전국을 평정한 후 도량형, 화폐, 한자, 차궤(車軌, 마차 차축의 폭) 등을 통일하고 만리장성과 치도(馳道, 현대의 고속도로에 해당) 건설에 착수했다. 그런 대규모 사업은 사회를 발전시키는 데 전례가 없는 쾌거였다고 할 수 있다. 하지만 민중의 생활을 돌보지 않고 가혹하고 잔인한 전제 정치를 행했기 때문에 진 왕조는 불과 16년 만에 멸망하고 만다. 진 왕조가 멸망한 후, 시황제의 궁전과 능원은 철저히 파괴되었으며 지상뿐 아니라 지하에 묻힌 것조차 그 화를 피하지 못했다(단, 진시황릉은 파헤치는 것이 불가능했기 때문에 예외적으로 파괴를 면했다). 시황제의 병마용갱(兵馬俑坑)에서 출토된 대량의 도용에서 볼 수 있는 불에 탄 흔적이며 파괴된 흔적이 그것을 증명한다. 그런 이유로 진대의 연구는 문헌 자료는 많지만 실물 자료가 빈약한데, 특히 복식 그중에서도 여성 의복에 관한 자료는 전무에 가까운 상황이라고 할 수 있다.

시황제의 병마용갱이 발견되면서 진대의 군복에 관해서는 그 전모가 대부분 밝혀졌다. 당시는 모든 남성이 징병되었기 때문에 군복은 거의 남성용이었다. 그렇기 때문에 병마용은 민간인과 군인의 복장을 이해하는 데 큰 도움이 되었지만 당시의 관리나 여성의 복식에 관해서는 여전히 역사의 수수께끼로 남아 있다.

진대의 여성 복식 연구에 관해서는 재미있는 일화가 있다. 1970년대부터 80년대에 걸쳐 실시된 진시황릉 주변의 발굴 작업 중, 정좌한 모습의 좌용이 여럿 출토되었다. 여성과 같은 용모에 머리를 뒤쪽으로 묶고 양손을 무릎 위에 올린 좌용은 시녀의 모습처럼 보였다. 그런 이유로 진대 여성 복식에 관한 유일한 작례로 복식사를 다룬 저술을 통해서도 종종 거론되었다. 그런데 그 후, 한 구의 좌용에서 입술 위쪽에 분명히 그려진 남성의 수염이 확인된 것이다. 결국 발견된 좌용은 말을 키우는 남성 소리(小吏)의 모습이며 의복이나 머리 모양 역시 남성의 장속으로 심지어 평민 남성의 복식이라는 사실이 판명된 것이다. 이번에도 역시 진대 여성의 복장에 관해서는 여전히 역사의 공백으로 남게 된 것이다.

수많은 문헌 자료에 따르면, 시황제는 여섯 나라를 차례로 병합하는 동안 각국의 가장 뛰어난 문화, 예술, 기술을 진의 궁정에 모았다고 하며 그 안에는 복식도 포함되어 있었다. 그런 이유로 지금도 진대를 다룬 영화나 TV 촬영에 이용되는 의

상 대부분이 군복 이외에는 비교적 출토
예가 풍부한 초, 제, 진, 조 등의 나라의
복식 자료를 참고로 디자인된 것이다. 진
은 단기간에 멸망했지만 중국 최초의 통
일 왕조로서 혁신적이고 독특한 일면이
분명히 존재한다. 그 수수께끼를 밝혀내
려면 장래의 새로운 고고학적 발견을 기
다릴 수밖에 없을 듯하다.

좌용
/ 진/ 산시성(陝西省) 진시황릉 출토

바대를 댄 바지를 입고 전장으로

중국 역사에서 조(趙)나라 무령왕은 '호복기사(胡服騎射, 북방 민족의 의복을 입고 말을 타고 싸우는 것)'를 채용한 군제 개혁으로 널리 알려져 있다. 그는 왜 호복의 착용을 제창한 것일까. 그 질문에 답하려면 먼저 춘추 시대의 바지에 대해 이야기하지 않으면 안 된다.

춘추 시대에 바지는 남녀에 관계없이 입었던 하의로 좌우 다리를 하나씩 꿰는 가랑이가 있어 '경복(脛服)'이라고도 불렀다. 그 후, 바짓가랑이를 허리 부근까지 길게 만들고 각각의 가랑이를 허리에서 묶어 착용하게 되었는데 가랑이 사이에 바대를 대지 않아 그야말로 '가랑이가 트인 바지'로 '고(袴)'라고 불렸다. 이 가랑이가 트인 고는 속옷이었기 때문에 반드시 위에는 상(裳, 치마)을 착용해야만 했다.

한편, 상의는 원래 상하의가 별도로 만들어진 복장이 정통 복식으로 여겨졌다. 후에 상하의가 하나로 연결된 심의가 등

바대를 댄 바지
/ 몽골 노인 울라의 흉노 묘 출토

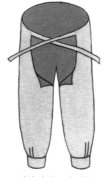
가랑이가 트인 바지
/ 후난성 창사시 출토

장했지만 그것도 전통적인 복장의 연장선상에 있었다. 길이가 긴 심의는 걷거나 마차를 타고 싸울 때에도 움직임에 영향이 없지만 말을 타는 경우에는 무척 불편했다. 흉노나 호인과 같이 말을 타고 싸우려면 심의를 짧게 만들고, 호인이 입는 바짓가랑이에 바대를 댄 '궁고(窮袴)'를 입을 필요가 있었다.

1,100년의 세월 동안 초원이나 험준한 산중에서 생활하며 기마에 뛰어난 북방 민족은 전통적으로 짧은 상의와 긴 바지를 착용했다. 조의 무령왕은 그런 북방 민족의 복장을 중국에 도입하고 그때까지 속옷으로 여겼던 바지를 겉옷으로 입도록 했다.

이것은 전통을 중시하는 중국의 복식 제도에 커다란 영향을 미쳤으며 당초에는 대신들의 거센 반대에 부딪혔지만 중신 비의(肥義)의 강력한 지원을 받아 최종적으로 개혁이 실시되었다.

50g도 안 되는 초경량 의복

1971년부터 74년에 걸쳐, 후난성 고고학연구소는 창사시 근교의 마왕퇴에서 3기의 한대 묘를 발굴했다. 그중 1호 한대 묘에서 보존 상태가 좋은 여성의 시신이 발견되었는데 여전히 탄력이 남아 있는 피부와 그 빛깔은 세상을

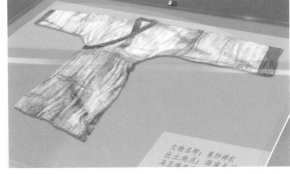

소사단의/ 전한/ 후난성 마왕퇴 한대 묘 출토

떠난 지 얼마 되지 않은 여성의 것이라고 해도 과언이 아닐 정도였다. 묘 안에서 출토된 대량의 부장품을 조사한 결과 2,100년이 넘는 전한 초기의 묘로 피장자(被葬者)는 장사국의 승상이었던 리창(李蒼)의 아내 신추(辛追) 부인이라는 것이 밝혀졌다.

이 묘에서는 견직물, 백서, 백화, 칠기, 도기, 죽목 제품, 대통, 한방약 등 3,000점 이상의 유물이 발견되었다. 그중에서도 견직물은 수량과 종류가 많았을 뿐 아니라 하나같이 귀중한 것들뿐이었다. 특히 소사단의(素紗禪衣)는 세간을 놀라게 했다. 이 진귀한 견직물은 속이 비쳐 보일 정도로 얇게 지어졌다. 길이는 128cm, 양 소매의 길이는 190cm로, 합치면 약 2.6㎡의 견직물이 사용되었으며 무게는 약 49g에 불과했다. 굉장히 얇고 가벼워서 '접어

넣으면 성냥갑만 한 상자에도 들어갈 것'이라는 말이 나올 정도였다.

현재 이 소사단의는 마왕퇴 한대 묘에서 출토된 다른 부장품들과 함께 세계 고묘(古墓)에서 출토된 10대 보물 중 하나로 손꼽힌다. 이 단의의 복제를 시도했지만 고대와 현대는 견사의 굵기와 조사(繰絲) 기술이 달라 49g의 무게까지는 복원하지 못했다. 그 후로도 연구자들이 여러 번 복원을 시도했지만 원본을 완벽히 재현하는 것은 결국 불가능했다고 한다.

신추 부인의 시신은 보존 상태가 양호했기 때문에 복안 전문가에 의해 얼굴의 복원이 이루어져 18세, 30세, 50세 시기의 초상이 마왕퇴 발굴 30주년 기념전에서 공개되었다. 그 초상은 지금 신추 부인이 부활해 소사단의를 입는대도 큰 화제를 불러일으킬 것이 분명해 보였다.

'단의(襌衣)'인가, '선의(蟬衣)'인가

매미 문양의 금제 관식
/ 장쑤성 난징 동진 묘 출토

소사단의(素紗襌衣)는 소사선의(素紗蟬衣)라고 불리기도 하는데 '홑겹(單) 옷'이라는 뜻과 '가벼운(蟬) 옷'이라는 두 가지 의미를 담고 있기 때문이다. 마왕퇴에서 출토된 소사단의는 그 얇기 때문에 '소사선의'라고도 불린다. 매미(蟬, 매미 선)의 얇고 투명한 날개처럼 얇은 소사단의를 표현하기에 가장 적합한 글자인 것이다.

한대의 무관은 무변대관(武弁大冠)을 썼는데 시중(侍中)과 중상시(中常侍)의 관에는 매미 문양이 새겨진 금제 장식이 들어갔다. 즉, 매미 문양의 장식품을 관에 달아 직위를 나타낸 것으로 매미와 복식의 관련성을 엿볼 수 있다.

그렇다면 왜 금제 매미 장식을 관에 달았던 것일까. 『한서』의 설명에 따르면 '금은 강해서 백 번의 정련에도 손상되지 않고, 매미는 높은 곳에서 깨끗한 것을 먹는다'고 여기며 매미를 고결한 인품을 빗대는 표현으로 사용했다. 그러므로 소사단의를 소사선의라고 부르는 것은 의복의 품질을 정확히 표현했을 뿐 아니라 그 문화적 배경에 대한 상찬을 표현한 것이기도 하다.

그리스, 페르시아 양식의 은밀한 유행

1995년 신장 웨이우얼 자치구 위리현 잉판에서 대규모 한대 고분군이 발견되면서 400점 이상의 귀중한 문물이 출토되었다. 그중에서도 가장 눈길을 끈 것은 제15호 묘로, 고증 결과 이 묘는 후한 중기부터 후기에 걸친 시기의 묘라는 것이 밝혀졌다. 묘 안에서 발견된 관은 장방형 모포로 덮여 있었으며 사자 등의 서양풍 문양이 새겨져 있었다. 관 안에는 키가 큰 남성의 유해가 있었으며 얼굴에는 삼베 면구(面具)가 씌워져 있었다. 얼굴 모양으로 만들어진 면구에는 입체적으로 표현된 눈, 코, 입술이 그려져 있고 표면은 흰색으로 칠한 후 검은색으로 눈매, 입술, 턱수염, 눈썹을 그려 넣었다. 또 이마에는 금박을 붙이고 옷은 붉은색 모직 포를 입고 있었다. 이 포에는 한 쌍의 사람과 동물 그리고 수목으로 구성된 문양이 안팎의 색깔이 정반대가 되도록 짜여 있었다. 연구 결과, 이 이중 구조의 모직 포는 붉은색과 노란색의 두 가지 색상의 실을 사용해 안팎을 동시에 평직으로 짜 겉면은 붉은색 바탕에 노란색 문양, 안쪽은 그 반대의 배색이 되도록 지은 것으로 밝혀졌다. 이 모직 포는 선명한 색상과 함께 일정한 패턴에 따른 규칙적이고 대칭적인

문양이 들어가 있다. 알몸의 남성으로 표현된 사람 문양은 높은 코, 커다란 눈, 곱슬머리 그리고 근육이 두드러진 몸에 손에는 무기를 들고 과장된 포즈로 인물의 강력함을 강조하고 있다. 동물 문양은 뿔이 있는 소 또는 양으로 보인다. 포의 길이는 1.1m, 양 소매의 길이는 1.85m, 소매 폭은 0.15m, 옷자락 너비는 1m이다. 앞섶을 오른쪽으로 여미는 방식으로 양 옆이 트여 있고 얇은 노란색 실크 안감이 달려 있다. 옷을 지을 때 이 귀한 옷감이 부족했는지 왼쪽 앞섶을 따라 붉은색의 소재가 다른 직물을 삼각형으로 재단해 덧댔으며 양 소매도 팔꿈치부터 아래쪽 부분은 줄무늬 원단을 사용했다.

나체로 표현된 남성의 문양은 곱슬머리에 이목구비가 짙고 콧대가 높은 전형적인 서양인의 이미지이다. 또 검과 방패를 든 전사와 뿔이 있는 소 또는 양의 문양에서는 그리스나 페르시아의 양식이 강하게 나타난다. 그런 점에서 이 모직 포의 옷감은 실크로드를 통해 수입된 귀한 견직물로 추정되며 양호한 보존 상태를 유지한 채 출토된 것이 그야말로 놀라운 일이었다.

전한 시대에 서역에서 생산된 모직물

은 한 필에 수만 전(錢)에 달하는 가치가 있었다. 한(漢) 문제(文帝) 때는 평민과 상인의 모직물 사용이 금지되었다. 신장에 서 발굴된 이 모직 포는 해외로 반출해 전시하는 것이 영구히 금지된 국보급 문물로 지정되어 있다.

모직 포/ 신장 웨이우얼 자치구 위리현 잉판 출토

천하 통일이 가능할지는 군복을 보면 알 수 있다

한대의 군복과 관복

역사서에는 다음과 같은 기술이 있다. 유수(劉秀)는 왕망(王莽)의 군대를 물리치고 경시제(更始帝) 유현(劉玄)을 따라 낙양에 진주했다. 낙양의 관리들은 경시제가 군을 이끌고 온다는 소식을 듣고 동문 밖에 모여 맞이했다. 유현 군의 무장들이 쓴 관, 자수가 들어간 짧은 옷, 금직 바지 그리고 여성처럼 넉넉한 상의를 입은 것을 보고 웃지 않는 이가 없었다. 견식 있는 인사들 중에는 그런 군의 기풍을 보고 유현이 대성하지 못할 것이라고 확신하고 장래에 화가 미칠 것을 우려해 서둘러 자리를 뜨는 사람도 있었다. 그에 비해 뒤를 따르던 유수의 군대는 전원이 검은색과 붉은색 군복을 입었으며 보병은 정연하며 장교는 의연했다. 이를 본 사람들은 크게 기뻐했다. 이 광경을 본 고위 관리는 눈물을 흘리며 "오늘, 뜻하지 않게 한 왕조의 위광을 다시 볼 수 있었다!"고 외쳤다. 그 후 기개 있는 맹장들은 잇따라 유수를 따라 그의 부하가 되었다. 그로부터 2년 후에 유수는 천하를 통일하고 후한의 광무제가 되었다.

이런 일화에서도 알 수 있듯, 복식은 결코 가볍게 여길 수 없는 문제로 특히 군복이나 관복은 국가의 성쇠와 연관된 중요한 요소였다. 과연 한대의 관복은 어떤 위엄을 갖추고 군복과는 어떤 관련이 있었을까. 고위 관리가 외친 '한 왕조의 위광'이란 실제로는 관군의 군세를 가리키는

한의 병마용/ 산시성 함양 출토

한대 화상석에 그려진 문관의 모습
/ 산둥성 이난 출토

것으로, 확실히 한대의 관복과 군복은 유사한 부분이 있었다. 진시황릉의 병마용을 보면, 진대의 군복은 짧은 포와 통이 넓은 바지를 착용했으며 이 바지는 현대의 스포츠 팬츠와 같이 바지 자락을 조여서 입는 형식이었다. 한은 진을 멸한 후, 기본적으로 진의 군복 양식을 답습했으나 점차 바지 자락이 넓어지면서 이를 '대소(大祒)'라고 칭했다. 전한 초기에는 이렇게 넓은 바지 자락을 묶어서 착용했으나

후한 후기가 되면 바지 자락을 묶지 않게 되면서 치마처럼 넓게 펼쳐진 형태가 되었다. 이는 현대의 여성용 퀼로트 스커트와 동일한 형태였다.

중국의 역대 황제들은 각 왕조의 성쇠가 '오행(五行, 우주 만물을 이루는 금[金], 수[水], 목[木], 화[火], 토[土]의 다섯 가지 원소)'의 덕과 상생상극으로 굳게 관련되어 있다고 믿었다. 오행에는 각각의 대응하는 색이 있는데 시황제의 경우는 수의 덕을 입었다고 믿었다. 수는 오행에서 검은색으로 나타내기 때문에 진대의 관복 대부분이 검은색이었으며 상급 무관의 포복도 주로 흑자색이었다. 한편 진을 멸한 한은 오행 사상에 따르면 수(진)를 이기는 토에 해당한다. 토는 오행에서 노란색으로 나타낸다. 한 고조 유방은 거병하기 전 백사를 베겠다고 예언하며 자신이 적제((赤帝)로서 이 세상에 온 것이라고 말했다. 이렇게 화의 덕을 입은 한의 군복과 관복은 붉은색이 주체가 되었다. 하지만 이 붉은색에는 노란색이 섞여 있어 실제로는 오렌지색이었다. 한대에는 이 색을 '제(緹)'라고 불렀다. 한 궁정의 금군(禁軍)을 '제기(緹騎)'라고 부른 것은 오렌지색 군복을 입은 군대였기 때문이다.

붉은색 군복은 일반적으로 검은색이나 흰색 바지를 곁들여 눈길을 끌었다. 앞서 이야기한 고위 관리가 본 유수의 군대는 붉은색 상의에 검은색 바지를 곁들인 군

복을 입었기 때문에 한눈에 위엄과 용맹을 갖춘 정연하고 강력한 군대라는 인상을 받은 것이다. 그에 반해 경시제의 군대 중 자수가 들어간 상의와 금직 바지를 입은 사람(그런 복장을 착용할 수 있던 사람은 분명 고관이었을 것이다)을 보고는 의구심이 든 것이다.

진대부터 한대에 걸쳐 남성은 심의에 바지를 입었으나 군복은 일반적으로 몸에 맞게 짧고 움직이기 편한 복장이었다. 한편 관복은 무척 우아하고 화려하며 넉

한대 화상석에 그려진 무관의 모습
/ 산둥성 이난 출토

넉한 형태였다. 한대의 관복은 형식상 군복과 동일했지만 포복은 군복보다 길게 만들어졌다.

문관의 포복은 발등을 덮을 정도로 길고 가슴둘레와 소맷부리도 무척 넓었다. 또 통이 큰 바지는 지면에 끌릴 정도로 길고 바지 자락을 묶지 않았기 때문에 치마를 입은 것처럼 보였다. 포복의 붉은색은 군복보다 약간 짙은 '강(絳)'이라고 불리는 진홍색이었다.

관복과 군복의 가장 큰 차이점은 머리에 쓰는 관에서 찾아볼 수 있다. 무관의 관은 '무변대관'이라고 불리며 칠을 한 사(紗)로 만들었다.

이런 종류의 관은 보존 상태가 좋은 실물이 수점 출토되었다. 문관의 고관은 대오리 등의 빳빳한 소재로 형태를 만들고 그 위에 칠을 한 사를 씌우거나 직접 대오리나 목재로 만든 것이 있었다. 이런 종류의 관은 실물이 출토된 사례가 없기 때문에 묘실 벽화 등의 그림이나 도용 등을 통해 대강의 모습을 이해하는 수밖에 없다. 색상에 관해서는 무관은 군복과 같이 붉은색 상의와 검은색 또는 흰색 바지를 입었으며 문관은 검은색 상의와 흰색이나 붉은색 또는 녹색 바지를 입었다. 물론 이런 색상은 중심이 되는 색에 불과하며 다른 색과 곁들여 입기도 했다.

조조에 대한 '악소문'

후한 말기에 황건적의 난으로 한 왕조의 권위가 실추되자 각지의 군벌은 근왕을 외치며 병사를 모집해 세력을 확장했다. 동탁은 군을 이끌고 도성으로 들어간 후 소제를 폐하고 헌제를 옹립해 정권을 장악하고 포학을 일삼았다. 조조가 헌제를 맞아 폭란을 배제하자 중원 일대는 평온을 되찾았다.

오랜 전란으로 산업이 쇠퇴하고 물자가 극도로 부족한 상황이었기 때문에 조조는 검약을 제창하며 오랜 관습을 고치고 군과 민간의 복장을 간소화했다. 궁중의 여성들은 비단 옷을 입지 않고, 관리들은 모두 상의와 바지로 이루어진 고습복 (褲褶服)을 착용했다.

고습복은 한대 이후로 커다란 소매가 달린 넉넉한 형태로 바뀌었지만 바지는 여전히 바지 자락이 넓은 한대의 형태 그대로였다. 바지 자락이 넓은 바지를 답습한 이유는 한대 말기부터 기마 관습이 정착했기 때문이었다.

위진 시기의 무사용
/ 후베이성 우한시 황피구 출토

이 시기에 안장의 개량으로 기마의 쾌적성과 기능성이 향상되면서 기병을 전투에 활용할 기회도 크게 증가했다. 즉, 바지 자락이 넓은 바지가 기마에 적합했기 때문이다. 이렇게 '간소한 상의에 넉넉한 바지'로 이루어진 고습복은 조정과 민간을 가리지 않고 남녀 모두에게 일반적인 의복이 되었다.

그런데 그 후, 간소한 상의에 넉넉한 바지를 입는 양식이 황제보다 신하의 권위가 높다는 것을 암시한다는 소문이 돌았다. 또 조조가 제정한 오색 모자는 윗부분이 하늘을 향해 뾰족하게 솟아 있어 머리에 쓰면 사람이 탑처럼 보였다고 한다. 그러자 수천수만의 군세가 이 모자를 쓰는 것은 조정에 대한 위협이나 다름없다는 소문까지 퍼졌다. 이런 악의적인 소문에는 조조를 공격할 의도가 담겨 있었다. 격노한 조조는 소문을 퍼뜨린 범인의 수사와 소문의 확대 방지를 엄명했다.

기묘한 복장인가, 위진의 풍격인가

후한 말기부터 위진 초기에 걸쳐 조정의 중신 하안(何晏)이 주도한 기풍이 귀족과 사대부들 사이에 퍼졌다. 그 기풍이란, 남녀 모두 매일 열심히 백분을 바르고 눈썹을 그렸으며 입술에는 연지를 바르고 커다란 소매가 달린 넉넉한 포를 입고 높은 나막신을 신는 것으로 늘 거울을 손에 들고 용모 관리와 화장을 게을리하지 않았다. 그들은 일거일동에 우아함과 아름다움이 깃들어 있어야 한다고 생각해, 조정에서 발언을 할 때도 고상한 말투와 몸짓을 위해 사전에 여러 번 연습을 반복했다. 우아함을 중시한 몸가짐은 여성을 능가할 정도였다. 왜 남성이 화장과 연약한 몸가짐을 중시했던 것일까. 그것은 위진 시대 궁정에서의 격렬한 내부 투쟁이 원인이었다. 즉, 불안정한 정세로 말미암아 공포

심을 품고 있던 사대부들이 기묘한 복식과 행동으로 권력투쟁에 관심이 없다는 것을 어필한 것이었다. 또 완적, 혜강, 산도, 유영 등의 '죽림칠현'은 독립독보(獨立獨步)를 고수하며 매사에 집착하지 않고 예절에 구속되지 않으며 자연을 벗삼아 유유자적하는 삶을 중시했다. 그들로 대표되는 '위진의 풍격'은 후세의 많은 문화인들이 상찬하며 흠모해 마지않았다.

위진 시기의 채색 도용 / 장쑤성 쉬저우 박물관 소장

성인 여성을
'노란 꽃 처녀'라고 부른 이유

남조 송의 무제 유유(劉裕)의 딸이었던 수양공주에게는 다음과 같은 일화가 있다. 어느 날, 수양공주가 궁전의 처마 밑에서 선잠이 들었는데 한바탕 바람이 불어 매화 꽃잎이 그녀의 얼굴 위로 떨어졌다. 곁에 있던 궁녀는 공주가 감기에 걸리지 않을까 걱정되어 그녀를 깨우려고 했다. 그때 바람에 떨어진 꽃잎이 땀방울이 송골송골 맺힌 공주의 이마에 달라붙어 있는 것을 보았다. 손으로 살짝 떼어내려는데 우연히 노란색 꽃가루가 공주의 새하얀 이마에 붙어 그녀의 붉게 물든 두 뺨과 어울리며 아름다운 얼굴이 한층 더 아름답게 보였다. 깜짝 놀란 궁녀는 공주를 깨워 거울을 보여주었다. 수양공주는 거울을 보며 손가락으로 꽃가루를 고르게 펴발랐다. 그러자 이마가 은은한 노란빛을 띠며 그녀의 얼굴을 한층 돋보이게 했다. 그 후, 무제의 궁전에서는 새로운 화장법인 액황(額黃)이 유행했다고 한다.

이 액황이 불교와 관계가 있다는 설도 있다. 남북조 시대는 불교가 성행하며 수많은 사원이 지어지고 신심이 깊은 사람들이 열심히 참배했다. 그리고 미에 관심이 많은 여성 신도 중에는 도금한 불상에서 영감을 얻어 이마를 노란색으로 칠해

신앙심의 깊이를 표현하는 사람도 있었다. 그 화장이 액황으로 발전했다는 것이다.

액황에는 '아황(鴉黃)', '약황(约黃)', '첩황(貼黃)', '화황(花黃)', '예황(蕊黃)' 등의 많은 명칭이 있었다. 액황의 색은 꽃가루가 가장 선명하고 아름답다고 여겨졌다. 이 화장을 하는 사람 대부분이 젊은 여성이었기 때문에 민간에서는 흔히 '노란 꽃 처녀'라고 불렀다.

액황 화장법에는 두 가지 종류가 있는데 이는 북제의 화가 양자화(楊子華)가 그린 '교서도(校書圖)'에서 확인할 수 있다. 두 종류 모두 초기 단계는 동일하다. 먼저, 눈썹과 미간을 따라 평행하게 칠하는 것으로 그다음에는 머리털이 나기 시작하는 언저리까지 발라 경계를 남기지 않는 방법과 머리털이 나기 시작하는 언저리가 곡선을 그리도록 바르는 방법으로 나뉜다. 또 이마를 노랗게 칠하는 것보다 간단한 방법으로 특별 제작한 노란색 종이를 접착제로 이마에 붙이는 화장법도 있었다.

남북조 시대의 시에서도 액황 화장에 대한 상찬을 찾아볼 수 있다. 유명한 '목란사(木蘭詞)'에는 전공을 세우고 고향으

로 돌아온 목란이 침상에 앉아 '창문 앞에 앉아 머리를 빗고 거울을 보며 화황을 바른다'라는 대목이 있다. 전우들은 화장을 한 목란을 보고 '12년간 함께 싸웠지만 목란이 여성이었다는 것을 몰랐다'며 깜짝 놀란다.

양자화 '교서도'(부분)/ 보스턴미술관 소장

소수민족의 의상이
한족에 미친 영향

중국 역사에는 매우 현저한 현상이 있다. 은·주 시대부터 종종 북방의 유목민이 중국의 중앙부를 침입했는데 처음에는 약탈을 한 후 북방으로 돌아갔던 그들이 급기야 중국에 정착해 한족의 왕조를 모방한 정권을 수립하게 된 것이다. 그중에서도 가장 영향이 컸던 것은 5호 16국과 남북조의 시대이다. 5호 16국의 5호란 흉노, 선비, 갈(흉노의 지류), 강, 저의 다섯 개 유목 민족에 의한 국가를 가리키며 16국이란 전조, 후조, 전진, 후연 등 한족이 건국한 16개 국가를 가리킨다. 또 남북조의 북조는 주로 선비가 세운 북위, 동위, 서위, 북제, 북주를 가리킨다. 이들 왕조는 주로 양쯔강 이북의 북방에 집중되어 있었으며 대다수 한족과 소수의 북방 이민족이 혼재되어 거주했다. 중국을 통치한 북방 민족은 정권이 강고하고 안정적인 국가를 만들기 위해 상당수의 한족을 관리로 등용했는데 그중에는 정권의 요직에 오른 사람도 있었다. 그리고 그런 한족에 의해 전통적인 한 문화가 지배 계급인 북방 민족에 전파되어 이민족의 취향과 사상에 큰 영향을 미치면서 후에 유교 문화의 충실한 신봉자가 된 북방 민족

당삼채(唐三彩)를 착용한 남장 여용 / 산시성(陝西省) 시안 출토

소관을 쓴 무사용 / 남북조 / 허베이성 츠현 원우(元祐) 묘 출토

도 있었다. 북방 민족은 한족의 문화와 생활양식을 적극적으로 받아들이고 이를 후대에 계승함으로써 마침내 한족과 완전히 동화되었다. 또 민간에서도 한족의 고도의 생산 기술과 문화에 매료되어 상당한 영향을 받았다.

문화 교류는 서로 영향을 주고받는 것이기 때문에 한족의 문화가 소수민족에 영향을 미친 것과 마찬가지로 소수민족의 문화도 한족에 영향을 미쳤다. 의복은

타 문화의 영향이 가장 명확하게 나타나는 것 중 하나이다.

통소매가 달린 품이 좁은 의상의 유행

중국 고대의 복식은 '상의하상'에서 '심의'로 발전하면서 품이 넉넉하고 여유 있는 복장을 중시하는 경향이었다. 그런 복장은 우아하고 호화로운 기풍을 표현하기에는 적합했지만 일상생활이나 노동에는 굉장히 불편했다. 그런 이유로 은·주 시대부터는 서민들의 복장이 짧아졌는데 이런 복장을 통해 신분을 판별할 수 있었다. 한편 주로 목축에 의한 생활을 했던 유목 민족에게 승마는 반드시 익혀야 할 기본적인 기술이었다. 갑옷이나 안장이 없던 시대에 승마는 난이도가 높은 기술이었다. 우선, 말에 오르기 위한 도약력이 필요하고 일단 말에 오르면 떨어지지 않기 위한 체력과 기술이 요구되는데 그런 능력이 없으면 승마는 불가능했다. 말을 탈 때는 몸에 맞는 짧은 상의와 바지를 착용해야 했다. 그렇기 때문에 북방의 소수 민족들은 대부분 통소매가 달린 품이 좁은 형태의 옷을 입었다. 이런 복장이 승마에 적합했을 뿐 아니라 어떤 움직임에도 불편함이 없고 마상에서의 모습도 당당하고 멋지게 보였던 것이다. 당대에는 많은 귀족 여성과 궁녀들이 기마 민족의 의

복에 매료되어 궁정에서 남장이 유행했을 정도이다.

위진 남북조 시대에 이미 한족은 갑옷과 안장을 사용했으며 갑옷을 개량해 승마가 더욱 편리해졌다. 한족의 승마는 전국 시대 조의 무령왕이 '호복기사'를 제창하면서 시작되었으며 본격적으로 이루어진 것은 위진 시대 이후였다. 남북조 시대에는 갑옷을 입은 기병이 전차로 교체되었기 때문에 말을 타지 못하면 전장에서도 활약할 수 없었다.

그러자 유목 민족의 복식이 빠르게 보급되어 황허강 이북뿐 아니라 양쯔강 이남에서도 짧은 상의에 바지를 입는 복장이 주류가 되었다. 바지는 한대의 '대소(大䘞)'를 바탕으로 바지 자락을 묶어 입는 형식에서 정강이 부분을 묶는 형식으로 바뀌었는데 이를 '박고(縛褲)'라고 불렀다. 이런 복장은 전장에서 입는 군복뿐 아니라 무관이 궁정에서 착용하는 관복으로도 사용되었다.

고대 한족의 의복은 상의 오른섶이 안으로 들어가게 입는 '우임(右袵)'이 주류였다면 소수민족은 왼섶이 안으로 들어가게 입는 '좌임(左袵)'이 주류였다. 그런 이유로 고문헌에서는 종종 소수민족에 대해 '상투를 틀지 않고 좌임을 한다'고 표현했다. 한족이 소수민족의 복장을 받아들였을 때도 우임을 고수했는데 이는 한족의 관습을 견지하기 위해서였다. 또 소수

민족의 목둘레가 둥글게 트인 곡령(曲領)도 도입되었는데 이것도 오른섶이 안으로 들어가게 디자인되었다. 우임의 관습은 지금까지 유지되어 주로 남성의 의복에서 볼 수 있다.

관과 허리띠를 곁들인 복식

남북조 시대에 소수민족의 복식이 한족에 미친 또 한 가지 영향은 관과 허리띠에서 볼 수 있다. 유목 민족은 머리 윗부분을 밀고 뒤쪽만 남기는 '곤발(髡髮)'을 했기 때문에 모자를 쓰지 않는 봄가을에는 그다지 보기가 좋지 않았다. 그런 이유로 북방 민족은 작은 관을 쓰는 것을 즐겼는데 두건과 일체형으로 된 것도 있고 끈을 달아 머리에 얹는 관도 있었다. 한편 한족은 틀어 올린 상투를 덮듯이 관을 쓰게 되었는데 덕분에 상투가 풀리는 일도 없어지고 머리 장식처럼 활용되기도 했다. 송대에는 관을 써 머리를 고정하는 것이 일반적인 복식이 되었으며 명대에는 대부분의 남녀가 관을 써 머리를 고정했다.

허리띠는 일찍이 은·주 시대부터 널리 사용되었는데 전통적인 중국의 의복에는 허리띠를 죄어 고정하는 대구가 달려 있었다. 대구는 한쪽 끝 부분이 갈고리 모양으로 되어 있고 다른 한쪽에는 둥근 물림쇠가 달려 있었다. 이를 띠에 장착한 후 허리띠 구멍에 갈고리를 걸어 사용했다. 대구는 진·한 시대까지 사용되었다. 북방의 유목 민족은 기마 생활이 길었기 때문에 안장을 고정할 수 있는 버클을 고안했다. 이 버클은 띠를 죄거나 풀 때 편리하고 대구와 같이 쉽게 풀리는 일도 없었기 때문에 이내 의복의 띠를 고정하는 용도로 사용되었다. 초기의 버클은 핀이 고정되어 있어 움직이지 않았지만 후에 가동식 핀으로 개량되면서 허리띠 사용이 더욱 편리해졌다. 버클은 남북조 시대 한족에 도입된 이래 지금에 이르기까지 기본적인 구조는 변하지 않았다.

대구로 허리띠를 죄어 고정한 무사용(부분) / 진 / 산시성(陝西省) 진시황릉 병마용갱 출토

검을 든 무관용/ 수 / 후베이성 우창 출토

복두 이야기

복두는 수대에 시작되어 당·송 시대에 크게 유행했다. 그 전신은 위진 남북조 시대의 두건으로, 초기에는 천으로 상투를 감싸 가는 끈으로 묶고 나머지 천을 머리 뒤쪽으로 자연스럽게 늘어뜨리듯 착용했다. 그 후, 두건의 네 모서리를 길게 늘어뜨려 그중 두 모서리를 머리 뒤쪽에서 상투를 감싸듯 묶고 나머지 두 모서리는 앞으로 돌려 상투 앞쪽에서 묶는 방식으로 착용하게 되었다. 또 묶은 매듭의 끝 부분은 뒤쪽으로 늘어뜨려 장식으로 활용했다. 이것이 가장 초기의 평두소양 복두이다.

성당 시기에는 복두의 형태를 더욱 보기 좋게 만들기 위해 철사나 대오리 등으로 만든 '건자(巾子)'라고 불리는 머리 덮개가 유행했다. 이 건자를 머리에 쓴 다음 바깥쪽을 천으로 감싸 앞뒤를 묶으면 모자처럼 크고 멋진 복두가 완성되었다. 건자를 사용하게 되면서 당대에는 평두소양(平頭小樣), 무가제왕양(武家諸王樣), 영왕북양(英王踣樣)의 세 종류의 복두가 유행했다. 평두소양은 당 고조 시기에 유행했다. 또 윗부분이 높

복두를 쓰는 방법 해설도

당대의 건자 / 신장 웨이우얼 자치구 아스타나 출토

은 복두는 무가제왕양이라고 불렸는데 측천무후가 궁중의 신하와 무사의 자제에게 하사한 건자에서 유래했다. 당 중종도 측천무후를 모방해 백관에게 건자를 하사했다. 그것은 윗부분이 앞쪽으로 기울어진 커다란 건자로, 이 건자를 이용한 복두를 영왕북양이라고 불렀다. '북(踣)'이라는 글자에는 넘어지다라는 의미가 있었다. 당대 만기에는 아교나 옻칠을 한 얇은 나(羅) 또는 사(紗)로 복두를 감싼 '경과복두(硬裹幞頭)'가 유행했다. 이 경과복두는 모자와 같은 형태였기 때문에 매일 천으로 머리를 감싸 묶을 필요가 없어졌다. 복두의 날개에도 다양한 형태가 등장했는데 먼저, 구리나 철로 만든 철사로 형태를 만들고 거기에 비단을 붙인 후 옆으로 곧게 뻗거나 교차시켜 위를 향하게 하거나 좌우로 구부려 늘어뜨렸다. 이런 형식의 복두는 모두 '교각복두(翹脚幞頭)'라고 불렸다. 교각복두는 오대에서 송대로 계승되었으며 그중에서도 옆으로 곧게 뻗은 전각복두(展脚幞頭)는 황제와 백관의 관모로 원·명 시대까지 사용되었다.

당대의 독특한 화장법

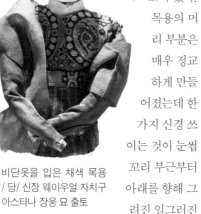

비단옷을 입은 채색 목용
/ 당/ 신장 웨이우얼 자치구
아스타나 장웅 묘 출토

신장 웨이우얼 자치구 박물관의 주목해야 할 수장품 중 하나로 아스타나의 장웅(張雄) 묘에서 출토된 채색 목용(왼쪽 그림)이 있다. 목용의 머리 부분은 매우 정교하게 만들어졌는데 한 가지 신경 쓰이는 것이 눈썹 꼬리 부근부터 아래를 향해 그려진 일그러진 붓 자국이다.

독자 중에는 화가의 묘사력이 부족한 탓이라고 생각하는 사람도 있을지 모른다. 하지만 다른 부분은 매우 정교하게 표현되어 있기 때문에 화가가 그 부분만 소홀히 했을 것이라고 생각하기는 어렵다. 박물관의 연구자에게 물어보니, 이것이 사홍이라고 불리는 화장법이라는 것을 알 수 있었다(p126 참조). 게다가 이 목용의 사홍은 화공이 당시 여성의 화장을 관찰해 그렸을 것이므로 실제 사홍을 재현한 표

현일 것이 분명했다.

사홍의 작례는 이 박물관에 수장된 당대의 백화에서도 볼 수 있다. 이 백화에는 궁녀의 옆얼굴이 그려져 있다. 경곡계(驚鵠髻)를 하고 머리 장식은 하지 않은 통통한 얼굴의 궁녀는 당대의 전형적인 미인의 용모이다. 그리고 궁녀의 관자놀이 부근에는 초승달 모양의 사홍이 그려져 있다. 사홍은 당대에 유행했는데 문헌의 기록에 따르면 위진 시기 초기에 이미 출현한 것으로 보인다. 하지만 당시의 사홍을 증명할 수 있는 자료가 발견되지 않았기 때문에 이 당대의 궁녀를 그린 백화는 사홍 화장법을 명확히 보여주는 귀중한 자료라고 할 수 있다.

이 궁녀는 사홍 외에도 얼굴 전체에 연분(鉛粉)을 바르고 볼과 눈꺼풀은 분홍색으로 칠했으며 눈썹을 짙게 그린 후 이마 중앙에는 커다란 화전을 그려 넣었다. 붉은 입술은 작은 앵두처럼 보이는데 당시 여성의 입술이 실제 이렇게 작았던 것이 아니라 백분을 바른 후 입술연지로 위아래 입술을 작게 그렸기 때문에 멀리서 보면 입술이 무척 작게 보였던 것이다. 당대의 도용이나 회화 작품에 표현된 여성의 모습을 자세히 관찰하면 이렇게 작은 입술에도 여러 종류가 있었다는 것을 알 수 있다. 사서의 기술에 따르면 화전은 일찍

이 위진 초기에 등장했다. 당시의 화전은 얇게 편 금박 또는 은박을 풀로 이마에 붙였다. 당대가 되면 이마에 붙인 후 그 위에 그림을 그려 더 크게 만들었다. 이 궁녀의 화전은 아마 이렇게 그려 넣은 것으로 보인다. 당대의 화전은 눈썹이나 입술의 화장처럼 빠르게 변화했으며 독창성도 풍부했다.

훌륭한 벽화가 남아 있는 간쑤성의 유림굴을 방문할 기회가 있다면, 당대 말기부터 오대 시대의 벽화에 그려진 높이 1m 남짓한 공양인상(왼쪽 그림)을 볼 수 있을 것이다. 이 그림에는 얼굴의 화장이 무척 명료히 남아 있다. 그녀의 얼굴을 보면 당대의 화장법 외에도 새롭게 눈 아래와 이마에 그려진 봉황 장식과 면엽(面靨)도 본래의 붉은 점에서 봉황의 형태로 변화한 것을 확인할 수 있다. 얼굴에 이렇게 많은 화장을 한 것은 아름답게 보이기 위해서였을까 아니면 얼굴의 결점을 가리기 위한 것이었을까.

정장한 여성 공양인상
/ 오대
/ 비단옷을 입은 채색 목용
/ 간쑤성 유림굴 벽화

사홍 화장 / 당대 궁중에서의 대유행

당 천보(天寶) 8년(749년), 궁중에서 새로운 화장법이 유행하기 시작하면서 많은 궁녀들이 백분을 바른 얼굴 양옆에 붉은색으로 가는 초승달 모양을 그려 넣었다. 간혹 독창성이 뛰어난 여성들은 이 초승달 화장을 이마까지 연장하거나 곡선을 그리듯 볼까지 연장해 그렸기 때문에 이런 종류의 화장은 '사홍(斜紅)'이라는 아름다운 명칭으로 불리게 되었다.

오대 장필(張泌)이 쓴 『장루기(粧樓記)』에는 '야래(궁녀의 이름)가 위 궁정에 들어간 지 얼마 지나지 않은 어느 날 밤, 위 문제가 촛불 아래에서 시를 읊고 있었다. 그 모습이 수정 병풍에 가려져 있었는데 이를 깨닫지 못한 야래가 병풍에 부딪쳐 상처가 새벽안개처럼 붉게 번졌다. 그날 이후 궁녀들은 붉은색으로 그녀의 상처를 흉내 낸 화장을 하게 되었는데 이를 효하장(曉霞粧)이라고 불렀다'고 쓰어 있다. 원래 '사홍'은 '효하'라고 불리며 이미 위진 시기에도 있던 화장이었으나 이 고사를 알고 있던 당대 궁녀들에 의해 재현되어 '사홍' 화장으로 널리 퍼졌다. 현종 황제도 이 참신한 화장을 좋아하고 적극적으로 장려했기 때문에 과거의 화장법이 새롭게 재탄생해 크게 유행한 것이다.

무장의 우아한 복식

당 말기부터 오대에 걸쳐 무장은 갑옷을 입고 투구를 쓰는 것이 일반적인 복장이었지만 간혹 천으로 허리를 감싸기도 했다. 이 천은 '포두(袍肚, 또는 抱肚)'라고 불리며, 무장의 군복을 장식하는 의상으로 화려한 금직으로 만들어져 가장자리에는 폭이 넓은 가선을 두르고 앞쪽은 여의문 등의 문양으로 장식하기도 했다.

무장이 전투에 나설 때 착용하는 갑옷은 빳빳한 가죽으로 만들어졌으며 허리에는 검, 활집, 화살통 등의 각종 무기를 매달았다. 그러다 보니 움직일 때마다 단단한 무기와 빳빳한 갑옷이 닿아 마찰을 일으키면서 무기와 갑옷이 손상되었을 뿐 아니라 금속성 충돌음이 발생해 은밀함을 요하는 군사 작전이 발각될 우려까지 있었다. 그런 문제를 해결하기 위해 허리에 포두를 감싸 무기와 갑옷이 닿지 않게 한 것이다. 그리하여 포두는 송대에 빠르게 보급되었다. 이 시기에 무장은 갑옷을 입지 않을 때에도 포복 위에 포두를 감았기 때문에 매우 개성적인 복식이 탄생했다. 남송과 대치한 금의 궁정에서는 궁녀가 남장을 하고 포두와 봉시복두(鳳翅幞頭)를 착용하는 것이 유행했다. 또한 포두는 전공을 세운 무장이 황제로부터 하사받는 의복이기도 했다.

포두와 같은 시기에 유행한 복장으로 수삼(繡衫)이 있었다. 수삼이란 갑옷 위에 착용하는 짧은 의복으로, 자수가 들어가 있고 옷깃이 없으며 옷섶이 열린 개금(開襟) 형태로 소매 길이는 중간 정도에 소매통이 넓은 형식이었다. 또 앞섶에는 단추가 없고 옷자락에 꿰맨 두 개의 긴 천으로 묶어 고정했다. 수삼에는 포두처럼 몸에 지닌 무기와 갑옷이 부딪치지 않게 하는 기능이 있었다. 특히 여름에는 피부가 무기에 닿아 생기는 찰과상이나 불쾌감을 막을 수 있었다.

남송 초기의 문헌에 따르면 수삼은 가슴과 등 부분에 화려한 자수 문양이 있어 젊은 무장들에게 인기가 있었으며 군사 훈련 때에는 군복 위에 착용해 용맹함과 우아함을 과시했다고 한다. 사실 수삼은 거란의 '맥수(貊袖)'가 진화해 탄생한 의복이다. 갑옷 바깥쪽에 입는 포복(수삼을 포함한)은 '충갑(衷甲)'이라고 불렸으며 의복 안에 갑옷을 숨긴다는 의미가 있었다.

춘추전국 시대에 여러 나라의 궁정에서는 음모와 반란이 빈번했기 때문에 국왕이나 대신들은 조의나 연회 때면 심의 안에 짧은 갑옷을 입어 몸을 보호했는데 당시 이런 착용법을 '충갑'이라고 칭했다. 남송의 무장은 고급스럽고 우아한 분위기를 연출하기 위해 전장 이외의 장소에서는 갑옷 위에 긴 전포(戰袍)를 걸쳤는데 이는 남송의 중흥사장(中興四将, 악비, 장준, 한세충, 유광세)도 예외는 아니었다.

허리에 포두를 감싼 무장
'각좌도(却坐圖)'(부분)
/ 남송/ 타이베이 고궁박물원

중국 최고의 금포

신장 웨이우얼 자치구에서 매우 희귀하고 귀한 영취문(靈鷲文) 금포가 출토되었다. 이 금포는 신중국 성립 이후의 고고학적 발견 중에서도 가장 오래되고, 보존 상태도 뛰어난 견직물로 '중국 최고의 금포'로 알려져 있다. 이 금포가 발굴되기까지는 우여곡절이 있었다. 먼저, 1951년 인민해방군 병사가 신장 웨이우얼 자치구에서 건설 공사를 하던 중, 우연히 고분을 발견했다. 그 안에는 키가 큰 미라가 있었다. 머리에는 붉은색 복두를 쓰고 얼굴은 흰 비단으로 덮여 있었으며 아름다운 금포를 착용한 미라의 주위에는 부장품도 여럿 놓여 있었다. 병사들은 혼령이 놀라지 않도록 바로 묘를 다시 덮었다. 2년 후인 1953년, 신장성(新疆省) 문화청은 이 사실을 알고 기록으로 남겼다. 그리고 3년 후, 신장 웨이우얼 자치구 문화국은 고고학 전문가를 파견해 고분의 발굴 조사를 실시했다. 그리하여 마침내 금포가 세상에 드러나게 된 것이다.

이 금포는 교령(앞섶을 교차시켜 입는 형식의 옷깃)으로 된 측금(앞섶을 몸의 측면에서 여미는 형식) 형식의 통소매로 뒤쪽 허리 아래 부분이 트여 있다. 길이는 138cm, 양 소매를 펼친 길이는 194cm, 소매통의 너비는 15cm, 밑단의 폭은 81cm이다. 소재는 정교하고 치밀하게 짠 금직(錦織)으로 푸른색, 녹색, 흰색, 검은색의 네 가지 색상의 명주실로 문양을 수놓았다. 연속되는 커다란 원 문양 안에는 독수리 두 마리가 서로 마주보고 서 있고 원 바깥쪽은 귀갑문과 연주문으로 장식했다. 또 커다란 원 문양이 맞닿는 부분에는 네 마리의 작은 새가 수놓아진 작은 원을 배치했다. 문양의 배색도 고상하고 우아하다. 신장 지방의 건조한 기후 덕분에 금포는 1,000년 넘게 매장되어 있었음에도 흰색 비단으로 된 안감, 소매, 옷깃, 앞섶, 옷자락에 두른 흰색 양피(羊皮) 가선의 색이 바랜 것 이외에는 여전히 선명한 색을 유지하고 있었다.

고고학 전문가는 오랜 시간에 걸쳐 이 금포에 관해 연구했다. 먼저, 전문가는 금포의 문양이 북송 시기에 유행한 양식이라고 판단해 이 금포를 '쌍조연주문(双鳥連珠文) 금포'라고 명명했다. 그 후 금포의 오른쪽 소매 뒤편에서 두 개의 아라비아 문자가 발견되면서 이슬람교를 믿었던 호인의 의복이었다는 것이 판명되었다. 금포에 수놓아진 새 문양은 이슬람교 사자(死者)의 수호신인 영취(靈鷲, 신령한 독수리)이며 연주문은 태양을 나타낸 것으로 추정했다. 그리하여 이 금포의 명칭은 '영취문 금포'로 바뀌었다.

의복의 형식을 통해 분석하면, 일찍이 북송 시대에 유행한 트임이 들어간 포와 외관상으로는 매우 유사하다. 하지만 트임이 양옆이 아닌 뒤쪽 한 군데에만 들어가 있고 옷깃도 교령에 측금 형식이다. 측금은 호복의 형식으로 당대 귀족 여성들 사이에서 크게 유행했으며 옷깃을 크게 펼쳐 입는 것을 즐겼다. 영취문 금포는 옷감이 부족했는지 문양이 거꾸로 된 옷감을 가슴 앞쪽에서 이어 붙였다. 그 솔기가 드러나 있는 것은 미적 관점에서 보면 봉제상의 결점이지만 옷깃을 크게 펼쳐 입으면 솔기가 전혀 보이지 않는다. 그런 봉제상의 특징으로 볼 때 이 북송 시대의 금포는 당대에 전해진 호복의 형식을 바탕으로 만들어진 의복으로 추정된다. 또 포 양옆에 트임은 없지만 앞섶을 크게 펼칠 수 있는 측금 형식이라 말에 올라 탈 때도 문제가 되지 않았을 것이다.

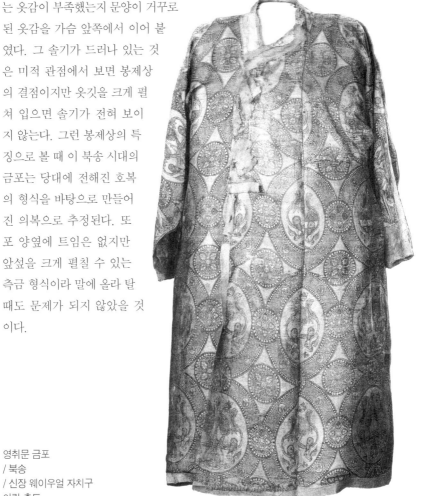

영취문 금포
/ 북송
/ 신장 웨이우얼 자치구
아랄 출토

군복에서 유래한 여성의 패션

방패를 든 무사용/ 남조 / 장쑤성 난징시 쉬안우구 부귀산

세계의 역사 속에서 오랜 기간 널리 착용된 여성 복식 중에는 군복에서 유래된 것이 많다. 예를 들어 타이트 스커트나 부츠 샌들은 현대의 패션 아이템이지만 실제로는 로마 시대 전사의 복장에서 유래된 것으로 여성복이 된 후에도 그 형태는 거의 변하지 않았다. 중국의 복식사에서도 그런 현상은 늘 발견된다. 진시황릉 병마용갱을 방문한다면, 많은 무사용이 양 다리에 각반을 감고 위에는 무릎까지 오는 짧은 바지를 입고 있는 것을 보게 될 것이다. 독자 중에는 이 모습이 현대 여성들이 가을·겨울 타이즈 위에 짧은 바지를 입는 방식과 비슷하다고 생각하는 사람도 있을지 모른다. 실제 2,200여 년 전, 진(秦)의 군복도 비슷한 착용 방식을 채용했다. 진의 군복에는 짧은 바지 외에도 긴 바지가 널리 활용되었다. 통이 넓은 바지는 삼국 시대 위(魏)의 군용 바지로 정착했는데, 위의 군복은 품이 좁고 짧은 상의와 통이 넓고 큰 바지가 특징이었다. 이런 복식은 현대 여성들이 봄·여름에 착용하는 퀼로트스커트와 매우 유사하다.

여성의 복식 중에는 군복에서 직접 유래된 것은 아니지만 남성의 복식이 군복으로 바뀐 후 여성의 의상이 된 것도 있다. 예를 들어 '비갑(比甲)'은 옷깃, 소매, 단추가 없는 남성용 겉옷으로, 남송 묘에서는 비갑을 착용한 유해가 출토되기도 했다. 북송의 비갑은 요대의 '맥수(貉袖)'에 가까운 형태로 원대가 되면 기마 무인이 착용했다.

입사용(立射俑)/ 진/ 산시성(陝西省) 병마용갱

맥수를 걸친 기사/ 송

천 소재 조갑을 걸친 무인/ 명

　명대에는 화기가 발달하고 철포가 발명되
었기 때문에 구식 무기인 갑주는 점차 도태되
고 가볍고 편리한 쇄자갑(鎖子甲)이 대량으로
사용되었다. 쇄자갑 위에는 천으로 만든 조
갑(罩甲)을 걸쳤는데 그 기본적인 형식은 비갑
과 동일했으나 길이는 비갑이 훨씬 짧았다.
조갑은 명대 중기부터 후기에 걸친 시기에 여
성의 복식으로 크게 유행했으며 궁중의 비와
궁녀들도 앞다투어 착용했다. 또 궁정의 근
위를 비롯한 측근도 항상 조갑을 걸쳤다. 청
대 남성이 착용한 행괘(行褂), 여성의 기포(旗
袍, 치파오), 마갑(馬甲)은 조갑에서 파생된 의복
이 분명하다. 송대의 무장이 입은 수삼(繡衫)
은 현대까지 계승되어 여성용 상의가 되었으
며 밑단이 넓은 바지와 마찬가지로 기본적인
형식과 착용 방식은 거의 동일하다.

수삼을 걸친 당대의 명장 설인귀(薛仁貴)

400년에 걸친 질손복의 유행

원대의 몽골족 남성은 궁중의 연회에 참석할 때 반드시 '질손복(質孫服, 중국어로는 일색복[一色服]이라고 불렸다)'을 착용해야 했다. 연회에서는 제왕과 대신을 비롯해 악사와 위사에 이르기까지 모두 같은 색의 질손복을 착용했기 때문에 궁정의 대전에서 축배를 들거나 연주를 할 때면 장관이 연출되면서 연회의 분위기가 더욱 고양되었다. 질손복은 몽골족의 포복과 형식은 같지만 옷감, 문양, 기법과 같은 면에서 큰 차이가 있었다. 상·하의가 연결된 형식으로, 상부는 몸에 밀착되고 소매통이 좁으며 옷깃은 원령, 방령, 교령이 있고 옷섶은 좌임 또는 우임이었다. 상부와 하부는 허리 부근에서 나뉘며 연결부에는 촘촘한 주름 장식을 하고 옷자락은 치마처럼 펼쳐져 기마에 편리한 형태였다. 질손복은 보통 무릎에서 1촌(약 3.33cm)가량 내려오는 길이로, 귀족 계급은 약간 더 길어서 정강이 중간 정도까지 내려왔는데 전체적으로 당이나 송대의 결고포보다 약간 짧다.

원대 남성의 의복에는 복부 주변에 여러 줄의 가는 비단 끈을 촘촘히 꿰맨 포복도 있었다(오른쪽 그림). '변선오'라고 불린 이 의복은 허리 부근에 작은 단추나 끈이 달려 있었다. 이 단추나 끈은 옷섶을 여미는 용도 외에도 장식적인 역할을 했다. 변선오는 금대에 출현했지만 원대에 널리 유행했는데 초기에는 신분이 낮은 시종이나 위사의 복장이었을 것으로 여겨진다. 하지만 원대 후기에는 다수의 몽골족 관리들이 변선오를 착용하게 되었다. 변선오는 질손복을 본떠서 만들어진 의복이었을 것이다.

원 왕조가 멸망하고 명대가 되면서 태조 주원장(朱元璋)이 몽골족 의복의 착용을 금지했으나 질손복은 그 편리함 때문에 여전히 인기가 있었다. 그리하여 명대 선덕 시대에는 질손복을 개량한 '예살(曳撒)'이라고 불린 새로운 의복이 만들어져 조정과 민간에서 널리 유행했다. 황제도 평소에는 예살을 착용했다. 중국 국가박물관에 수장된 '명헌종원초행락도(明憲宗元宵行樂圖)'에 그려진 성화제(成化帝)와 신하들 대부분이 예살을 입고 행락하는 모습에서도 당시 예살이 궁정의 평상복으로 정착했다는 것을 알 수 있다. 질손복, 변선오, 예살은 기본적인 형식이 동일한 의복으로 중국 전통의 심의와도 공통점이 있다. 전부 상·하의를 허리 부근에서 재단한 후 다시 꿰매어 이어 붙인 형식의 의복인 것이다. 다른 점이 있다면, 심의는 허리 부분에 주름을 잡지 않고 착용자가 움직이기 편하도록 허리부터 아래로 갈수록 퍼지는 형태로 만들었다는 점이다.

그런 이유로 옷자락이 어깨보다 크게 퍼지는 형식이다. 반면에 질손복은 허리 부근에 주름을 잡아 옷자락이 퍼지도록 만들었기 때문에 기능성이 뛰어난 디자인이라고 할 수 있다. 또 말을 탈 때 다리의 보온에도 도움이

되고 안장에 앉을 때도 편리해서 결고포에 비해 훨씬 기능적이었다. 그런 이점 때문에 질손복은 원대 몽골족에 의해 출현한 이래 명대에 예살로 개량된 후에도 중국 복식에 빠질 수 없는 의복으로 계승된 것이다.

직금 변선오
/ 원
/ Rossi & Rossi Gallery 소장

발끝까지 무장한 군용 장화

군화/ 원
/ 몽골 국가박물관 소장

중국 성어에 '면리장침(綿裡藏針, 솜 안에 바늘을 숨긴다)'이라는 말이 있다. 겉으로는 온화해 보이지만 내면은 무척 강인한 사람을 빗대는 말로 사용되는 이 성어는 원대 무인의 군화에도 잘 어울리는 비유이다.

1953년, 몽골국 아르항가이에서 가죽 장화(위쪽 그림)가 발견되었다. 이 가죽 장화는 펠트로 만들어진 안감에 전체적으로 철제 미늘이 덮여 있는 것으로 보아 원대 무인이 신던 군화가 분명해 보였다.

중국 고대의 갑주 중 발을 보호하는 갑옷은 이미 전국 시대에 '경갑(脛甲)'이라는 이름으로 각종 문헌에 출현했을 뿐 아니라 실물도 다수 출토되었다. 그 전형으로

윈난성 장찬의 리자산 묘에서 출토된 청동제 경갑을 들 수 있다. 하지만 그 경갑은 주로 발등 위쪽을 보호하는 것으로 발 전체를 덮는 경갑은 요·송 이후에 출현했다. 예컨대 요대의 경갑은 발등을 가죽 조각으로 덮고 그 위에 작은 철제 미늘을 일일이 못으로 고정했다. 이런 형태의 경갑은 명대에 널리 사용되었으며 주로 발등을 철제 미늘로 덮어 보호하는 식이었다. 철제 미늘을 엮은 경갑은 가볍고 착화감이 좋아 원대의 군화와 달리 계절에 관계없이 착용할 수 있었다. 북방 지역은 한랭지이기 때문에 두꺼운 가죽 장화를 신어도 문제없었지만 중원이나 남방 지역에서 사용하기에는 부적합했다.

봉관과 하피
명대 여성의 일생의 동경

주불녀(朱佛女, 명 태조 주원장의 둘째 누이)의 초상
/ 명/ 중국 국가박물관 소장

봉관은 고대 여성들에게는 가장 고귀한 관이었다. 문헌에 따르면 봉관은 진대에 처음 출현했으며 동진의 『습유기(拾遺記)』에는 봉관의 명칭이 명확히 기록되어 있다. 수·당 시대 이후, 황후와 귀족 여성은 황실이나 가문의 의식에 출석할 때는 봉관을 착용해야 했다. 하지만 봉관이 궁정의 관복 제도에 도입된 것은 북송 이후의 일로, 『송사(宋史)』 여복지(輿服志)에는 송대의 후비가 중요한 의식에서 쓴 봉관에 대해 상세히 기술되어 있다.

봉관은 그 명칭이 나타내듯 봉황을 이미지해 진주와 비취로 장식한 관이다. 북송의 봉관은 봉황만 장식했지만 남송 시기에는 용이 추가되면서 '용봉관(龍鳳冠)'이라고 불리기도 했다. 명대에는 송의 제도를 계승해 모든 귀부인들이 봉황의 관을 썼다. 홍무(洪武) 3년(1370년), 황후의 봉관은 아홉 마리의 용과 네 마리 봉황으로 장식했으며 비빈 (妃嬪)은 용 대신 아홉 마리의 파랑새를 사용하도록 제정되었다. 그리고 비빈보다 지위가 낮은 여성은 봉황과 파랑새의 수가 줄어드는 등 신분에 따른 등급의 차이가 생겨났다.

봉관의 제작 방법은 먼저, 대오리로 원형의 틀을 만든 후 틀 안팎에 얇은 사(紗) 또는 나(羅)를 감싸 본체를 성형한다. 그리고 금사와 물총새의 날개로 만든 용과 봉황을 본체에 붙인 후 주위에 다양한 구슬을 장식해 완성한다. 용과 봉황은 입에 진귀한 구슬을 물고 있고, 좌우 양옆의 용과 봉황은 구슬꿰미로 장식해 얼굴 양옆으로 늘어뜨렸다. 이 관을 쓰면 걸음을 옮길 때마다 금빛 용과 봉황이 빛을 발하고 얼굴에 드리워진 구슬 장식이 가볍게 흔들리며 무척 아름답고 우아해 보였을 것이다.

봉관을 쓸 때는 반드시 하피를 착용해야 한다. 하피란 양쪽 어깨에 걸치는 두 개의 긴 숄로 대부분 금란 단자로 만들었으며 앞뒷면의 두 부분으로 나뉘어 각각 어깨 부분에서 이어 붙였다.

등 쪽에 늘어뜨린 하피는 밑단 부분을 의복에 고정했으며 몸 앞쪽으로 늘어뜨린 하피는 양쪽 밑단을 이어 붙인 후 하피가 들리지 않도록 끝 부분에 보석 장식을 달았다.

하피와 보석 장식에도 등급이 있었다.

공작과 후작 그리고 1, 2품 명부의 하피는 꿩 문양, 3품과 4품은 공작 문양, 5품은 원앙 문양, 6품과 7품은 까치 문양을 수놓은 하피를 착용했다. 또한 보석 장식도 새겨진 새 문양에 따라 등급의 차이가 있는데 각 등급을 나타내는 새의 문양은 하피의 문양과 동일했다. 하피의 보석 장식은 일반적으로 금, 은, 옥이 사용되었으며 간혹 금도금한 은 장식도 있었다. 하피의 보석 장식은 대부분 물방울 모양으로 만들어졌으며 끝 부분에 고리가 달려 있어 하피에 걸어 늘어뜨릴 수 있었다. 고급 소재를 이용해 정교하고 아름답게 만들어진 귀중한 장신구였다.

하피는 명대에 처음 등장한 것은 아니었다. 숄을 이용하는 관습은 당대 이전부터 서민 여성들 사이에 존재했다. 하지만 당시는 모두 가볍고 부드러운 사(紗)로 만들어 자유롭게 몸에 감아 착용함으로써 그 외관상의 아름다움을 중시했다. 송대가 되면 하피는 고귀한 신분의 여성이 착용하는 예복의 일부가 되어 민간 여성의 착용이 금지되었다. 하피의 형식도 가슴 앞쪽에서 곧게 늘어뜨려 착용하는 방식으로 당대와 같은 자유로운 착의는 사라졌다. 명대의 하피는 송대의 제도를 계승해 엄격한 등급을 제정했다. 그 때문에 하피와 봉관 모두 봉작을 받은 부인의 신분을 나타내는 그들만이 전유한 복식이 된 것이다.

하피의 보석 장식

만지교(滿池嬌) 금제 하피 보석 장식 / 원 / 장쑤성 쑤저우시 여사맹 묘 출토

명대의 봉관과 하피는 고귀한 여성이 착용하는 대례복으로, 복식 형식이 통일된 그야말로 최상급 정장이었다. 1950년대부터 현재에 이르기까지 베이징 딩링, 후베이성 중샹시의 양장왕 묘, 장시성 더안현의 주가(周家) 묘 등 중국 각지에서 그 실물이 출토되었다. 다양한 등급을 나타내는 봉관과 하피의 실물은 기본적으로 문헌에 기록된 특징과 일치한다는 점에서 명대의 예복 제도가 매우 엄격했다는 것을 알 수 있다.

출토품 중에서도 가장 많은 것이 하피의 보석 장식이다. 이전에는 이런 종류의 보석 장식에 대한 연구가 충분치 못했기 때문에 단순히 여성용 장신구로 분류되기도 했다. 하지만 보존 상태가 양호한 하피가 출토되고 보석 장식이 달린 위치에 관한 연구가 진행되면서 물방울 모양의 장식품은 모두 하피의 보석 장식이라는 사실이 판명되었다. 그로 말미암아 하피의 보석 장식이 일찍이 북송 시대에도 사용되었다는 사실까지 밝혀졌다. 다만 당

장화주망문(粧花綢蟒文) 하피 / 청 / 중국 부녀아동박물관 소장

시에는 널리 보급되지 않았기 때문에 북송 묘에서 발견된 하피의 보석 장식은 매우 드물었다. 이어지는 남송 시대에는 하피의 보석 장식이 점차 늘어나 그 형태와 문양도 다양하게 변형되며 기발하고 정교한 형태가 다수 만들어졌다. 원대가 되면 하피의 보석 장식은 점차 물방울 형태로 통일되었다. 명대에는 원대의 전통을 계승했으며 등급에 따라 장식을 구별하는 규정이 정착했다.

청대가 되면 하피의 형식이 앞쪽에서 끈을 이용해 여미는 방식에서 옆구리 부근에서 비단 끈으로 묶는 방식(위쪽 그림)으로 바뀌면서 더는 보석 장식을 달 필요가 없어졌기 때문에 점차 역사의 무대에서 자취를 감추었다.

3초면 신분을 알 수 있다

명대 관복 제도의 개혁

관복은 수·당 시기부터 조복, 공복, 상복의 세 종류로 나뉘었으며 관료는 각각의 상황에 맞는 복장을 착용하게 되었다. 그리고 그중에서도 가장 자주 이용된 것은 공복이었다.

명대의 공복은 독창성이 있었다. 이전 왕조에서는 문관과 무관의 위계 차이를 구별하기 위해 종종 디자인이 다른 여러 종류의 공복을 이용했다. 반면 명대에는 문·무관을 가리지 않고 한 종류의 공복만 있고 이를 색상에 따라 세 가지 등급으로 나누었다. 즉, 1품부터 4품까지는 심홍색으로 1등급, 5품부터 7품은 청색으로 2등급, 8품과 9품은 녹색으로 3등급으로 구분했다. 그 후 새롭게 보자(補子)를 추가해 문관과 무관의 위계를 구분했다. 보자는 공복의 가슴 앞쪽과 등 부분에 붙인 사각형의 직물로, 위계에 따라 다른 도안을 수놓았기 때문에 이 보자를 보면 문관인지 무관인지 또는 어느 등급의 위계인지를 한눈에 알 수 있었다. 보자의 도안에는 다음과 같은 규정이 있었다. 문관의 보자에는 조류 문양이 사용되었다. 1품은 선학(仙鶴), 2품은 금계(錦鷄), 3품은 공작(孔雀), 4품은 운안(雲雁), 5품은 백한(白鷳), 6품은 노사(鷺鷥), 7품은 계칙(鸂鶒), 8품은 황리(黃鸝), 9품은 암순(鵪鶉)이었다. 한편 무관

의 보자에는 짐승류 문양이 사용되었다. 1품과 2품은 사자, 3품과 4품은 호랑이와 표범, 5품은 곰, 6품과 7품은 호랑이, 8품은 코뿔소, 9품은 해마였다. 이런 새나 짐승의 문양 중에는 실재하지 않는 전설상의 동물도 있다. 공복과 보자는 궁정에 설치된 공방에서 일률적으로 제작되었으며 위계에 대응한 보자를 달아 문무백관에게 배급했다. 물론 여러 벌의 공복을 추가하고 싶을 때는 조정의 규격에 맞게 복제하는 것도 가능했다.

백관 중에서도 큰 공을 세우면 더 높은 관직으로 승급되고 금품 등을 하사받기도 했는데 송대부터는 사복(賜服)이라고 불리는 관복을 하사받기도 했다. 즉, 궁정에서 공들여 만든 관복이나 허리띠 등의 부속품을 하사받는 것이다. 사복을 착용하는 것은 금은보배를 하사받는 것보다 훨씬 더 명예로운 일이었다.

산둥성 취푸의 공자 묘에는 1품 문관의 보자가 수놓아진 공복이 전시되어 있는데 이 공복은 공자의 적통 자손인 연성공(衍聖公)이 황제로부터 하사받은 사복이다. 조정의 규정에 따르면 1품관은 심홍색 관복을 착용해야 하지만 이 사복에는 커다란 꽃 문양이 수놓아진 청색 옷감이 사용되었으며 원래대로라면 따로 만들어

붙였을 보자를 관복에 직접 수놓았다. 그
런 점에서 이 관복은 유일무이한 귀중한
공복이라고 할 수 있다. 또한 이 사복은
조칙으로 공자를 세습할 특권을 부여받
은 것과 같은 의미이므로 연성공으로서
는 더없이 큰 은사였을 것이다.

남암화사단수(藍暗花紗緞繡) 선학 보복
/ 명/ 공자 박물관 소장

십종십부종(十從十不從)

청의 순치(順治) 3년(1646년) 12월, 황제는 궁정과 민간의 복식을 규정한 조칙을 전국에 반포했다. 그중에서도 가장 엄격히 시행된 것이 변발령이었다. 열흘 안에 변발을 할 것을 강요하며 '만약 머리털이 아까워 변발을 회피하고 교묘히 빠져나가려 한다면 결코 용서치 않을 것'이라는 것이었다. 이 조칙이 내려지자마자 이발사가 병사들과 함께 전국을 순시하며 머리를 기른 사람을 발견하는 즉시 머리털을 깎아버렸다. 저항하는 사람은 그 자리에서 병사에게 붙잡혀 '머리털을 남길 것인지, 머리를 남길 것인지' 추궁을 당했다. 그래도 저항하는 사람은 목을 베고 그것을 장대에 매달아 본보기로 삼았다.

변발령이 전국에 공포되자 한족에 의한 저항 운동이 잇따라 발생했다. 산둥성에서는 유력자와 지역민들이 폭동을 일으켜 관청을 습격하고 가장 먼저 변발을 한 한족 관리를 처단했다. 변발을 피하기 위해 산으로 도망치는 무리도 있었으며 저명한 유학자 중에는 삭발을 하고 승려가 되어 조정의 뜻에 따르지 않겠다는 의사를 표현하는 사람도 있었다.

당시의 한족 남성에게 머리털은 부모로부터 물려받은 신체의 일부로, 간단히 자를 수 있는 것이 아니었다. 삼국 시대에 조조가 군의 사기를 진정시키기 위해 머리털을 잘라 자신을 벌했다는 일화를 통해서도 남성이 머리털을 얼마나 소중히 여겼는지 알 수 있다. 그럼에도 순치제가 전국적으로 만주족의 풍습에 따른 변발을 강요하자 한족의 저항이 오랫동안 이어졌다.

어릴 때부터 박학했던 순치제는 한족의 유교 문화의 진수를 잘 알고 있었으며 변발의 강요가 가져올 결과에 대해서도 당연히 예견하고 있었다. 그럼에도 변발의 실시를 강행한 배경에는 금, 원, 서하와 같은 이민족에 의한 중국 지배의 교훈이 뿌리 깊었다. 이들 왕조는 모두 변발의 관습이 있었으며 건국 후에도 지배하에 있던 한족에 변발을 요구했다. 하지만 철저히 실시되지 않았기 때문에 오히려 시간이 갈수록 한족의 문화에 흡수되다 급기야 한족에 동화된 것이었다. 실제로 청군은 처음 중국 영토에 발을 들였을 때 변발령을 내리고 순치 원년(1644년)에 다시 변발령을 반포했으나 격렬한 저항에 부딪혀 순조롭게 진행되지 못했다. 당시는 국내 정세가 안정되지 못한 상황인 데다 남쪽에는 명 정권이 존재하는 등의 불온한 요인이 있었기 때문에 변발의 엄격한 실시가 불가능한 상황이었다. 3년 후 천하가 통일되자 순치제는 철저한 변발령의 실시를 결심했다.

전국에서 소동이 벌어지고 사회 질서가 심각한 혼란 상태에 빠지자 명 왕조의 구신(舊臣) 김지준(金之俊)은 죽음을 무릅쓰고 조정에 상소를 올려 '십종십부종(十從十不從, 열 가지는 따르고 열 가지는 따르지 는다)'을 건의했다. 그 내용은 남성은 따르되 여성은 따르지 않고, 생은 따르되 사는 따르지 않고, 양은 따르되 음은 따르지 않고, 관리는 따르되 천민은 따르지 않고, 성인은 따르되 어린아이는 따르지 않고, 유학자는 따르되 승려는 따르지 않고, 창기는 따르되 예인은 따르지 않고, 사관은 따르되 혼인은 따르지 않고, 국호는 따르되 관호는 따르지 않고, 역세는 따르지만 언어문자는 따르지 않는다는 제안으로, 요컨대 궁정의 관리 또는 관직에 종사하려면 만주족의 풍습에 따라

변발을 해야 하지만 어린아이, 여성, 예인 그리고 혼인과 장의의 경우는 한족 또는 만주족 어느 한쪽의 풍속을 선택하면 된다는 것이었다. 순치제는 이 상소를 오랫동안 고려했지만 물리치지도, 동의하지도 않았다. 하지만 이후부터 변발령은 암묵적으로 '십종십부종'에 따라 실시되면서 마침내 사회는 안정을 되찾았다.

발끝 비단 자수에 감춰진 슬픔

부드러운 타입의 수면용 궁혜
/ 장쑤성 쑤저우시 수장

전족은 무희가 발끝으로 춤을 출 때 다치지 않도록 현대의 발레리나와 같이 발을 헝겊으로 감쌌던 데서 유래되었다. 하지만 무희는 발로 지지하는 힘을 기르기 위한 것이지 결코 발을 작게 만들기 위한 것이 아니었다. 오대 시기, 높이 6척의 금연화대 위에서 경쾌하게 춤을 춘 요낭(窅娘)도 전족을 했었다고 전해지며 이것이 전족에 관한 최초의 기록이다.

송대가 되면 전족의 풍습이 서민과 상류 계급 사이에서 유행하기 시작하는 동시에 전족의 목적이 발이 커지는 것을 막기 위한 것으로 바뀌었다. 현존하는 전족의 사진을 보면 오랫동안 전족을 한 발은 엄지발가락 이외의 발가락이 모두 안쪽으로 구부러져 발 전체가 원뿔 형태로 변형되어버린다. 작은 것은 분명하지만 결코 아름답다고는 할 수 없을 것이다.

누구나 아름다운 것을 좋아할 텐데 어떻게 이렇게 추악하고 심지어 여성의 심신에 고통을 주는 전족이 몇천 년이나 이어져온 것일까. 거기에는 사회의 문화와 미의식 등의 깊은 요인이 관련되어 있다. 문치(文治)에 의한 통치가 이루어졌던 송대에는 사회적으로 문식을 중시하고 무략을 경시하는 기풍이 있었다. 그런 기풍 속에서 생겨난 새로운 관념은 급기야 여성의 사회 진출을 제한하는 풍조로까지 번졌다. 전족은 그런 필요에 대응한 도구로 통치자를 통해 장려되면서 점차 사회로 퍼진 것이다. 어릴 때 전족을 시작한 여성은 오래 서 있을 수 없게 되어 대부분 집에서 한 걸음도 나가지 못한 채 생활했다. 당시의 중국 여성에게는 결혼해 자녀를 낳는 것이 인생의 가장 중요한 일이었으며 '결혼하면 남편을 따라야 한다'는 관념이 평생을 따라다녔다.

여성의 일생을 남성에게 의존해야만 했던 시대에 남성의 기호에 영합하는 것은 여성이 살아가기 위한 중요한 수단이었다. 송대부터 수백 년간 중문경무(重文輕武)의 기조가 오랫동안 계속되었는데 그에 대응하는 아름다움의 기준으로 여성에게는 더욱 부드럽고 연약한 자태가 요구되었다. 그리고 '삼촌금련(三寸金蓮, 전족의 미칭)'의 발이 여성미의 중요한 기준이 되었다. 명 주원장의 마황후(馬皇后)는 어릴 때 집이 가난해서 육체노동에 종사해야만 했기 때문에 전족을 하지 않았다. 그런 이유로 황후였음에도 불구하고 '마대각(馬大脚, 큰 발의 황후)'이라고 불리며 조롱의 대상이 되었던 것이다.

3촌(약 9cm) 크기의 작은 발은 사람들 앞에 드러내지 않았으며 특히 남성 앞에서는 더욱 그랬다. 여성은 자신이 신을 신에 온 정성을 쏟았다. 전족한 발에 신는 작은 신은 '궁혜(弓鞋)'라고 불렸다. 송대 묘에서 출토된 궁혜의 실물은 매우 호화롭게 만든 것이었는데 대개 앞코가 갈고리처럼 위로 들린 형태였다. 소재에도 신경을 썼으며 만듦새도 꼼꼼했다. 정교하고 치밀한 자수 장식이 들어가 있고 신 바닥은 두껍고 얇은 두 가지 색상의 헝겊을 합쳐서 만들었다. 이런 형식의 바닥은 '착도저(錯到底)'라는 명칭으로 불렸다.

금·원 시대에도 한족 여성의 궁혜는 매우 호화롭게 만들어졌다. 간혹 보석으로 장식한 것도 있었다. 명·청 왕조 때는 궁혜의 제조 기술이 정점에 달했는데 가장 현저한 변화는 궁혜와 양말을 하나로 합친 장화형 궁혜가 등장한 것이다. 장화형 궁혜에는 딱딱한 타입과 부드러운 타입의 두 종류가 있었는데 낮에는 딱딱한 타입, 밤에는 부드러운 타입을 착용했다. 다시 말해 중국 여성은 평생 맨발로 지낼 시간이 거의 없었다는 의미이다. 이 장화형 궁혜는 전면에 자수 장식이 들어가 있어 일종의 공예품으로 수집이나 애완의 대상이 되었다.

중화민국 시대가 되면서 전족의 풍습은 금지되었지만 청대 말기에 태어난 여성은 평생 전족의 흔적을 가지고 살아야 했기 때문에 그 폐해는 이루 말할 수 없을 만큼 컸다.

신은 언제부터 신었을까

신의 역사

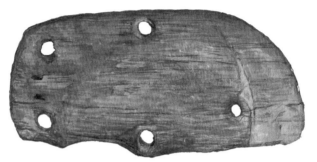

신석기 시대의 나막신
/ 저장성 닝보 츠후 유적 출토

닝보 박물관에는 나무로 만든 두 점의 신이 수장되어 있다. 1986년 저장성 닝보의 량주 문화 유적(신석기 시대 만기)에서 출토된 것으로, 5,300년 이전 시기의 신으로 추정되는 현존하는 가장 오래된 신이다. 이 두 점의 신은 구멍에 끈을 꿰어 발에 묶었던 것으로 보인다. 이 신은 '극(屐)'이라고 불린 고대의 나막신으로 '극'이라는 한자는 일찍이 주문(籒文)에서도 사용된 바 있는 진대 이전의 신을 뜻하는 명칭이었다.

장화는 극보다 더 일찍 출현했다. 1973년 칭하이성 쑨자자이에 있는 마자야오(馬家窯) 문화 유적의 묘에서 앞코가 갈고리처럼 뾰족한 짧은 장화를 신은 목제 조각상이 출토되었다. 이 조각상은 약 5,500년 이전의 것으로, 장화가 극보다 더 일찍 사용되었다는 것을 말해준다. 중국의 복식사에서 장화는 다른 나라에서 들어온 신이었다. 장화를 나타내는 '화(靴)'라는 한자는 진대 이전에는 존재하지 않았으며 꽤 오랜 시간이 흐른 후에야 출현했다.

서주 시대에는 유교를 바탕으로 한 계급 제도가 탄생하면서 복식이 점차 '계급화', '의례화'되고 유교 문화를 표상하게 되었다. 서주 말기에 형성된 복식 제도는 사회의 각 계층을 구별하고 사람들의 일상적인 행동을 제약하는 데 효과적이었다. 즉, 복식 제도에 따라 의복의 명칭과 사용하는 옷감이 자세히 규정되었는데 신의 소재에 관해서는 지배 계급만이 비단이나 가죽으로 만든 이(履)를 신을 수 있었고, 진주나 보석을 장식한 '주리(珠履)'라고 불리는 신까지 있었다. 한편 평민은 풀, 삼, 칡 등의 식물로 삼은 신만 신을 수 있었는데 이런 신은 구(屨), 비(扉), 취(橇)라고 불렸다. 또 사회 최하층에 속하는 노비는 얼음이 얼고 눈이 덮인 겨울에도 봄·여름에 신는 나무로 만든 극을 칡 등의 식물로 감아 신으며 추위를 견딜 수밖에 없었다. 이(履)를 신는 것은 절대 용인되지 않았다.

중국의 역대 왕조는 서주의 복식 제도를 답습했는데 그 내용은 사서의 '여복지(輿服志)'를 통해 파악할 수 있다. 중국의 정사인 『이십사사(二十四史)』와 여기에 『청사고(淸史稿)』를 더한 25편의 역사서 중 10편의 역사서가 '여복지'의 항목을 만들어 복식 제도에 관해 상술했다. 여기에는 복식에 관한 규정이 기록되어 있는데, 조정에서 엄격한 복식 제도를 운용하며 이를 어기고 다른 계급의 복식을 착용하는 경우는 월권 행위로 여겨 죄를 물었으며 죽음에 이를 정도의 큰 벌을 받는 경우도 있었다.

또 복식의 명칭도 각 계층에 따라 명확히 구별했는데 같은 신이라도 황제, 대신, 황비, 명부가 신는 것은 '석(舃)'이라고 칭했다. 석은 적석, 백석, 청석, 흑석으로 구별되었는데 가장 고귀한 것으로 여겨진 적석은 황제나 제후왕이 조회나 제천(祭天) 등의 중요한 의식에 사용했다.

한편 서민의 신은 모두 이(履)라고 불렸다. 석은 보통 이중창으로 만들었는데 위쪽은 헝겊이나 가죽을 사용하고 아래쪽은 나무로 만들어 그야말로 현대의 통굽신과 같은 구조였다. 앞코는 일반적으로 위를 향해 들려 있었는데 그 높이가 높을수록 신분이 높았다. 시대가 흐르면서 석은 오직 황제와 황후가 신는 신을 가리키는 명칭으로 사용되고 그 이외의 신은 이(履)라는 명칭으로 불리게 되었다. 신장 웨이우얼 자치구에서는 앞코가 들린 귀부인의 이가 다수 출토되었는데 하나같이 엄선한 재료로 정교하고 아름답게 만들어진 그야말로 당시의 고급 명품이었다.

군복의 토막 역사

검과 창이 주요한 무기였던 시대에 병사는 주로 갑주로 몸을 보호했기 때문에 융복(戎服, 후세의 군복)이라고는 해도 갑옷 안에 입는 옷에 불과했다. 진시황제의 대규모 병마용 군단은 모두 고대의 군복을 입고 있어 당시의 군복에 대해 알 수 있는 단서를 제공했지만 대부분 갑옷을 착용했기 때문에 갑옷 안에 입은 융복은 거의 볼 수 없는 점이 안타깝다.

총과 대포가 등장하면서 갑주는 점차 방어의 역할을 잃고 머지않아 군복이 군인의 유일한 복장이 되었다. 초기의 군복은 전투에 적응하기 위해(당시는 통신기기나 망원기기가 개발되지 않았다) 고대 융복의 특징을 그대로 계승했다. 선명한 색상을 사용해 장병의 신분에 따른 군복의 차이가 명확히 구분되었으며 멀리서도 상대의 지위를 식별할 수 있었다.

끊임없는 무기 개량으로 총포의 사거리는 점점 더 늘어났다. 그리고 피의 교훈(19세기 말, 영국군이 남아프리카를 침공해 보어인과 벌인 전투에서 영국군의 붉은색 군복이 남아프리카의 녹색 초원과 밀림에서 지나치게 눈에 잘 띄었던 탓에 대량의 전사자가 발생했다)을 얻은 각국의 군대는 주변 환경에 녹아드는 색상의 군복을 사용하게 되었다. 그중에서도 녹색이 가장 널리 채용되었으며 회청색, 회색, 카키색이 그 뒤를 이었는데 하나같이 눈에 띄지 않는 색상이었다. 또한 장교가 적의 주요한 공격 목표가 되지 않도록 장병의 군복에도 일정한 규격이 생기면서 멀리서도 적에 의해 신분이 드러나지 않게 되었다.

동시에 군대에서는 군 내부의 장병이 지위의 차이를 한눈에 구별함으로써 부대를 한층 신속하고 효과적으로 전개시키기 위한 '계급 시스템'이 채용되었다. 계급 시스템이란 군복과 군모에 붙이는 모장, 금장, 견장, 수장, 측장 등으로 군대에서의 장병의 계급을 나타내는 제도를 말한다.

그 밖에도 특별한 마크나 휘장으로 군인이 어떤 무훈을 세우고 어느 정도의 가치를 지닌 성과인지를 나타내기도 한다. 요컨대 계급 시스템은 휘장을 통해 장병 각각의 기본적인 상황을 명시하기 위한 제도라고 할 수 있다.

물론 군대 중에도 계급을 표시하는 휘장 등을 사용하지 않고 예컨대 군복에 달린 주머니의 개수 등과 같은 군복 디자인의 차이로 계급을 식별하는 경우도 있었다. 다만 그런 식별 방법은 대부분 군의 창설 초기 또는 특수한 시기에 볼 수 있었을 뿐이다.

관위를 나타내는 관

청 왕조 말기 베이징 시내 번화가에 선명한 포복에 멋진 관식으로 치장한 관을 쓴 한 젊은 신사가 나타났다. 그중에서도 사람들의 눈길을 끈 것은 주위(朱緯, 관을 장식하는 붉은색 명주실)로 치장한 겨울용 관 위에 늘어뜨린 화령(花翎, 관리가 관모에 달았던 공작의 깃털)이었다. 당시는 청 왕조가 건국한 지 이미 200년 이상의 세월이 경과한 후였다. 관모의 화령 장식을 처음 본 것도 아니었을 텐데 왜 유독 이 화령에 많은 사람들의 이목이 쏠린 것일까. 먼저, 이 인물이 쓴 화령은 쌍안(双眼)이나 삼안(三眼)과 같은 귀중한 공작의 깃털이 아닌 무안(無眼)의 화령이었음에도 무척 화려하고 생생한 풍취가 돋보였다는 점을 들 수 있다.

자세히 보면 이 화령은 진짜 공작의 깃털이 아니라 대오리와 철사로 심을 만들고 그 표면에 녹색 명주실을 감은 것이었다. 이것을 화령의 형상으로 다듬었기 때문에 공작의 꽁지 깃털로 만든 화령보다 아름답고 생생하게 보였던 것이다. 청조 말기의 조정은 재원 확보를 위해 부유층 자제가 은을 헌납하면 그 답례로 그들이 특별 주문한 장식품을 착용하고 자랑하는 것을 허가했는데, 황금을 사용하는 것만은 절대 허가되지 않았다.

머리를 장식한 화령은 청 왕조가 관리의 계급과 공적을 명시하기 위해 만든 것으로, 베이징을 수도로 정한 후에 시행되었다. 청 왕조에서는 원 왕조의 주위립(朱緯笠)에서 유래한 윗부분에 장식을 한 관모를 썼다. 다만 원 왕조의 주위립이 관 윗부분의 동제 구슬을 주위로 감싸기만 했던 것에 대해 청 왕조는 이 구슬을 정자(頂子)라고 칭하며 관리의 계급을 구별하는 특별한 표식으로 사용했다.

정자는 상하의 두 부분으로 구성되었는데, 하부는 문양을 새긴 받침대로서 보통 동을 주조해 만든 후 도금을 했다. 황제를 비롯한 황족과 귀현들은 순금으로 만든 받침대를 사용했다. 이런 받침대 위에 박아 넣은 것이 정자로, 정자에는 다면체 형상으로 깎은 보석이나 구슬 등 계급에 따라 다양하고 귀한 재료를 사용해 만들었다. 예컨대 1품과 2품은 홍보석과 홍산호, 3품과 4품은 남보석과 청금석, 5품과 6품은 수정과 차거(碑碟, 아름다운 조개를 가공해 만든 장식)를 사용했다.

7품 이하는 정자와 받침대가 일체화된 형태로, 9품 이하의 관리는 전부 은제 정자였다. 또 진사, 장원, 거인 등 과거에 급제한 사람은 받침대에 구슬 등의 장식을 박아 넣는 대신 삼지구엽(三枝九葉)이나 금작화(金雀花) 등의 특수한 형상의 장식을 달았다.

화령은 옥, 법랑, 도자 등으로 만든 파이프와 같은 형태의 관에 꽂았는데, 이 관 끝에 달린 원형 갈고리를 정자 받침대에 걸어 머리 뒤쪽으로 드리웠다. 공작의 꽁지깃에 있는 눈 모양 무늬 때문에 화령은 이 눈 무늬가 하나인 단안(單眼)이 대부분이었다. 하지만 조정에서는 신분이 높은 귀현이나 특별히 큰 공적을 세운 대신을 구별하기 위해 쌍안, 삼안, 사안의 화령을 제정했다. 삼안 이상의 화령을 얻으려면 황제의 특별한 은상(恩賞)이 필요했기 때문에 이런 화령을 하사받는 것은 그야말로 최대의 영예로 여겨졌다.

『대청회전(大淸會典)』에 따르면 무장은,

특히 수도 이외의 임지에서 근무하는 무관은 화령을 달 수 없고 친왕, 군왕(郡王), 패륵(貝勒)도 군을 이끌 때와 황제를 수행할 때에만 화령을 달 수 있었을 뿐 평소에는 화령을 다는 것이 허락되지 않았다. 이런 금령은 군을 통솔하는 친왕, 군왕, 패륵이 늘어나자 점차 완화되었다. 전승에 따르면 강희(康熙) 연간(年間)에 대만 평정에 큰 공을 세운 시랑(施琅)에게 강희제가 후작의 작위를 하사하고자 했지만 그는 작위를 사양하며 화령을 내려주기를 청했다. 황제가 특별히 화령을 하사하면서 마침내 무관도 화령을 달 수 있게 되었다고 한다.

청군에서 시작된 근대화

1895년 청일전쟁에서 패배를 맛본 청 왕조는 서양의 연병 방식을 토대로 신식 군대를 편성하기로 결의했다. 같은 해 겨울, 조정은 칙명을 내려 광서 안찰사인 후이펀(胡燏棻)을 연병대신으로 임명하고 톈진에서 신병을 모집해 보병 3,000명, 포병 1,000명, 기병 250명, 공병 500명, 총 4,750명으로 이루어진 신군을 조직해 '정무군(定武軍)'이라고 명명했다.

이듬해 위안스카이가 연병대신을 계승하자 신군의 규모는 4,750명에서 7,000명으로 서서히 확대되었으며 치중병(輜重兵, 군수품의 운송과 보급을 맡는 병사)과 위생병(의료 관련 직무에 종사하는 병사) 등의 병과도 새롭게 추가되었다. 또 독일 출신의 교관을 대량 고용하는 동시에 독일, 영국, 일본, 이탈리아 등에서 최신 총과 대포를 수입했다. 독일에서 온 교관은 독일식 연병 방식을 전면적으로 도입했다. 여기에는 독일군의 계급 제도와 군복도 포함되어 있었다. 이렇게 확충된 정무군은 명칭을 '신건육군(新建陸軍)'으로 바꾸었으며 육군의 군복과 계급을 식별하기 위한 휘장도 만들어졌다. 그리고 1905년 10월 조정이 '신군관제(新軍官制)'를 채택하면서 신건육군의 계급 제도와 군복이 정식으로 사용되게 되었다.

신건육군의 장교는 상중하의 3등급으로 나뉘며, 각 등급에는 세 개의 계급이 있어서 전부 3등 9급으로 구성된다. 즉, 상등급은 도통(都統)으로 칭하며 정도통은 1급, 부도통은 2급, 협도통은 3급이었다. 중등급은 참령(參領)으로 칭하며 정, 부, 협의 세 계급으로 나뉘었다. 하등급은 군교(軍校)로 칭하며 역시 정, 부, 협의 세 계급으로 나뉘었다. 또 하사관은 상사, 중사, 하사로 나뉘었으며 병사는 정병, 일등병, 이등병으로 나뉘었다.

장교의 군복은 예복과 상복(즉, 전선에서 착용하는 의복)의 두 종류로 나뉘었으며 하사관과 병사의 군복은 상복뿐이었다. 군복에는 모장, 금장, 견장, 수장, 측장으로 등급을 표시했으며 모장, 금장, 견장은 단룡문(団龍文)과 다양한 색상의 구슬 및 줄무늬, 수장과 측장은 금색, 적색, 검은색의 줄무늬로 나타냈다.

청 왕조가 최초로 채용한 근대적인 서양식 군복과 계급 제도였다. 당시의 장병은 여전히 만주족의 전통인 변발을 했지만 그 밖의 행동 규범과 각종 전투 훈련 방식은 기본적으로 서양화되어 있었다.

중산복의 유래

1924년 11월 19일, 상하이에 머물던 쑨 원(호는 중산)은 위안스카이의 북양 정부 초 청으로 베이징에서 국정에 대해 협의하 기로 한다. 그는 출발 전 몰리에르 29호 (지금의 샹산루 7호 쑨원 고택)의 자택 앞에서 엄숙하게 기념 촬영을 했다. 얼마 후에 이 사진이 큰 주목을 받게 되었는데 당시 사 람들의 관심이 쏠린 것은 다름 아닌 사진 에 찍힌 쑨원의 상의였다. 밝은 회색의 얇 은 모직물로 만든, 스탠드칼라 형태의 상 의로 위아래 네 개의 주머니가 달린 디자 인이었다.

각각의 주머니에는 모두 덮개가 달려 있었는데, 위쪽 두 개의 덮개는 가장자리 가 활 모양으로 구부려져 있는 형태로 양 끝부분은 아래로 처지고 중앙의 작은 삼 각형 모서리는 양 끝부분보다 위에 위치 했다. 또 아래쪽 두 개의 덮개는 가장자리 가 직선으로 만들어져 있었다. 앞섶에는 일곱 개의 단추가 달려 있었다. 쑨원이 이 런 복장으로 공개적인 장소에 정식으로 모습을 드러낸 것은 이것이 최초였으며 이 의복이 바로 중산복의 원형이다.

중산복은 쑨원이 처음 제창하고 보급

에 힘썼던 복장이다. 신해혁명 이후 중국의 정계와 실업계 그리고 민간에서 의식 전례에 착용하는 정식 예복은 양복이 아닌 중국 전통의 장포와 마괘였다. 민간의 전승에 따르면 쑨원은 '예(禮), 의(義), 염(廉), 치(恥)'의 의미를 담아 의복 앞쪽 위아래에 네 개의 주머니를 배치했으며 위쪽 두 개의 주머니는 덮개 가장자리의 형태를 필가(筆架, 붓걸이)를 거꾸로 뒤집은 형상으로 만들어 문치 국가를 상징하는 의미를 담았다고 한다. 소매는 서양의 양복을 참고했지만 세 개의 단추를 달아 '삼민주의(三民主義)'의 원칙을 암시했다고 한다. 옷깃 역시 스탠드칼라 형태로 만들어 엄격한 통치 국가의 이념을 나타냈다. 쑨원은 이런 정치적 의미를 조합해 완전히 새로운 남성용 상의를 디자인한 후 당시 유명한 양재사였던 황룡생(黃龍生)에게 제작을 의뢰한 것이다.

황룡생은 광둥성 타이산 출신의 베트남 화교로 뛰어난 양재 기술로 이름을 알린 양재사였다. 후에 흥중회(興中會)에 참가해 동맹지부의 중견이 되면서 쑨원의 강력한 오른팔로 활약하기도 했다. 1923년 쑨원이 광저우시의 광둥 대원사부(大元帥府)를 개축했을 때 황룡생은 경리국의 국장을 거쳐 중앙은행 부총재를 역임하고 1929년까지 국민당 정부의 광둥 중앙은행 총재를 지냈다.

중산복이 완성되자 중화민국 정부는 이것을 정식 예복으로 통달하고 헌법을 제정할 때도 일정 직급의 문관은 취임 선서를 할 때 모두 중산복을 착용하도록 규정했다. 그 후 중화민국 정부 관료의 복장 그리고 국민당군의 군복은 물론 중국 공산당의 중앙 홍군 및 국공 제2차 합작 때 홍군을 재편한 팔로군과 신사군의 군복에도 중산복 양식이 채용되었다.

지금의 시점에서 보면 중상복은 단순히 시대의 특징을 갖춘 복장이 아니라 중국 전통 문화의 독특한 전개를 보여주는 중요한 복장인 것이다.

장삼과 기포의 기원

역사가 오랜 나라에는 인도의 사리, 일본의 기모노, 베트남의 아오자이, 영국의 킬트 등과 같은 상징적인 전통 의상이 존재한다. 중국에서 한족의 전통 복식은 300년이 넘는 청 왕조의 통치 이후 점차 사라져갔다. 중화민국 시기에 중산복이 국민복으로 제정된 적이 있지만 당시 모든 계층 사람들의 잠재의식 속에는 가장 널리 착용되었던 장삼(長衫)과 기포(旗袍)가 한층 친밀한 복식이었다. 특히 기포는 동양 여성의 이미지 향상에 매우 중요한 역할을 했다. 그런 이유로 근현대의 서양 제국에서는 모두 장삼과 기포를 중국의 대표적인 전통 복식이라고 여기게 되었다.

하지만 기포는 그 '기(旗)'라는 한자에서 '기인(旗人)'의 포를 연상시키는 의복이다. 그리고 기인이란 청대 만주족으로 조직된 '팔기(八旗)에 속한 사람'을 칭하는 말이다. 그런 만주족의 기포를 한족의 오랜 역사를 대표하는 중국 전통의 복식으로 보기 어렵다고 생각하는 사람도 있을 것이다. 하지만 장삼과 기포는 그 복식 형태를 조사해보면 결코 만주족에 의해 창제된 의복으로 보기 어려우며 실제로는 주, 춘추전국, 진, 한대의 심의와 거기에서 파생된 당, 송, 명대의 포복을 계승한 의복이라는 것을 알 수 있다.

상의와 하상을 연결해 일체화한 심의는 후세의 삼 또는 포복의 원형이다. 만주족은 중국에 있는 수많은 소수민족 중 하나로, 그들의 의복 역시 처음에는 한족 전통 복식의 영향을 받았으며 계속해서 민족성과 지역성을 기반으로 한 복식의 기호가 더해졌을 것이다. 장삼을 예로 들면, 청 왕조 말기부터 중화민국 초기에 걸쳐 일세를 풍미한 이 신사복은 수 또는 당대에 유행한 결고포(옆이 트여 있는 포)와 거의 동일한 형식이다. 다른 점이 있다면 수 또는 당대의 결고포는 트임이 양옆이 아닌 한쪽에만 있는 형식도 있었다는 정도로, 당대 말기부터 오대 이후가 되면 양옆에 트임을 넣은 형식이 주류가 되었다.

오대부터 송, 원, 명 시기에 걸쳐 결고포 옷깃에 심의의 형식인 교령(가슴 앞쪽에서 겹치게 여미는 옷깃)을 도입한 디자인도 등장했지만 결고포가 장삼으로 바뀌자 원래의 결고포 옷깃인 원령으로 돌아갔으며 이 둥근 옷깃에 입령(스탠드칼라)을 부착하는 커다란 변화도 나타났다. 입령은 만주족이 사용했던 옷깃의 형식이 아니다. 평민부터 황제에 이르기까지 만주족 남성이 착용한 전통적인 의복은 옷깃에 입령을 부착하는 방식이 아닌 가을·겨울의 짧은 시기에만 방한을 목적으로 탈·부착이 가능한 입령을 둘렀을 뿐이다. 그리고 그런 관습은 수천 년에 걸쳐 계승되어온 한족의 전통적인 복식인 것이다.

기포는 장삼과 비교하면 전통적인 복식의 요소를 더 많이 계승하고 있다. 청대에는 만주족 여성의 의복을 기장(旗裝)이라고 불렀다. 초기의 기장은 모두 소매통이 넉넉하고 위부터 아래까지 트임이 없는 원통 형태로 만들어져 여성의 신체적인 특징을 완전히 가린 형식이었다. 청 왕조 말기가 되면 서민과 사회 하층에 속하는 여성들은 첫 번째는 절약, 두 번째는 노동에 편리하다는 이유로 의복의 품을 점점 좁게 만들고 몸에 밀착되는 스타일의 의상을 즐겨 입게 되었다. 하지만 신체에 밀착되는 복장은 움직임이 제한되고 불편했기 때문에 장삼을 참고로 하여 남성복에 있는 트임을 여성복에 응용하게 되었다. 그러자 기포는 눈 깜짝할 새 동양 여성의 관심을 사로잡았다.

중국의 복식사를 돌아보면 트임이 들어간 의복이 청대 말기에 처음 등장한 것이 아니라는 것을 알 수 있다. 예를 들어 수대의 무장은 말을 타고 싸우기 쉽게 포복의 옷자락에 트임을 넣은 결고포를 만들어 크게 유행시켰다. 또 당대의 여성들은 너도나도 결고포를 착용하고 남장 패션을 과시했다. 하지만 오대부터 송대에 걸쳐 유교를 숭상하는 기풍이 강화되자 그런 남장 패션도 서서히 자취를 감추며 여성복에는 트임 정도만 남게 되었다. 이 시기와 그 후의 명·청대를 포함한 수백 년간에 걸쳐 깊은 트임을 넣은 배자(褙子, 앞트임 형식의 장의)가 여성들 사이에서 크게 유행했다. 각 시대의 배자를 살펴보면 부분적인 디자인에는 미묘한 차이가 있지만 전체적으로는 거의 변화를 찾아볼 수 없다.

기포의 깊은 트임은 송대의 여성이 착용한 배자를 계승한 디자인으로, 특히 중화민국 초기에 유행한 민소매 기포는 당대의 반비(半臂, 반소매 또는 민소매 상의)에까지 거슬러 올라갈 수 있다. 복식사의 전개로 볼 때 장삼과 기포를 중국의 전통 복식으로 보는 것은 충분히 일리가 있다. 기포의 등장으로부터 1세기 이상이 흐른 지금까지 사람들의 마음에 깊이 뿌리내린 기포라는 명칭을 바꾼다는 것은 어렵고도 무익한 일이다. 게다가 청 왕조는 270년 넘게 통일국가로서 군림한, 중국의 오랜 역사 속에서도 중요한 의미를 갖는 왕조이다. 그런 시기에 탄생한 장삼과 기포는 다원적인 요소가 융합된 중국 복식의 특징을 보여주는 예증으로 가장 적합한 의복인 것이다.

독자에게 보내는 편지

친애하는 독자 여러분

안녕하십니까.

상하이 희극학원에서 40년 이상 예술 교육에 종사하면서 늘 중국 복식에 관한 체계적이고 포괄적이며 직감적인 서적을 집필하고 싶다고 생각했습니다. 대학에서의 수업과 연구를 통해 우리가 매일 입는 의복이 단지 외적인 아름다움을 추구한 생활용품이 아니라 실제로는 중국의 문화, 역사, 과학기술, 예술, 풍속, 신앙 등의 다양한 측면을 나타낸다는 것을 깊이 깨달았기 때문입니다. 우리는 복식을 통해 과학기술의 발전, 정치의 모순, 서민의 지혜, 민족의 융합 등을 알 수 있습니다. 그리고 그것들은 모두 우리가 어릴 때부터 느끼고 이해해온 가치 있는 것이라고 생각합니다.

이 책을 펴내기까지 3년여의 시간이 걸렸습니다. 의복, 모자, 신발, 장신구, 화장법, 군복 등 여러분께 전하고 싶었던 훌륭한 내용들이 많았기 때문입니다. 이 책에는 1만 년에 달하는 복식의 역사가 약 400여 점의 일러스트와 함께 해설되어 있습니다. 그리고 모든 일러스트는 실제 문물을 100% 충실히 복원하기 위해 수많은 고고학 보고서와 직접 조사한 답사 기록을 꼼꼼히 조사해 만들었습니다. 또 사진 자료는 그림자 때문에 문양이 정확히 보이지 않는 경우가 있기 때문에 수시로 박물관을 찾아가 전시품 앞에서 몇 시간이나 앉아 모사를 하고 또 했습니다. 그렇게 한참을 모사에 몰두하는 이 '기묘한 노인'을 보고 박물관 직원이 특별히 작은 의자를 빌려주기도 했습니다. 한 권의 책을 위해 이렇게까지 열정을 쏟은 이유는 오직 한 가지였습니다. 다양한 시대의 중국 복식이 가진 아름다움을 최대한 재현함으로써 더 많은 사람들에게 오랜 역사를 자랑하는 중국의 풍요롭고 심오한 문화를 알리고 싶었기 때문입니다.

이렇게 독자 여러분을 만날 수 있게 되었으니 결코 헛된 노력이 아니었다고 생각합니다. 하지만 중국의 복식사 분야에는 여전히 탐구할 가치가 있는 미해결 문제들이 많이 남아 있는 것이 사실입니다. 여러분이 이 책을 통해 눈길을 끄는 문양을 발견한다거나 흥미로운 일화를 알게 되는 것만으로도 충분합니다. 이 책은 평생에 걸쳐 여러 번 읽을 가치가 있기 때문입니다. 이런 내 졸작이 한 사람이라도 더 많은 사람들에게 복식사의 문을 여는 계기가 되어주기를 바랍니다.

상하이에서

류융화

박물관 목록(이 책에 게시된 문물 자료의 소장처를 순서부동으로 기재)

중국 국가박물관(中國國家博物館)/ 고궁박물원(故宮博物院)/ 수도 박물관(首都博物館)/ 저우커우뎬 베이징인유적박물관(周口店北京人遺址博物館)/ 딩링 박물관(定陵博物館)/ 중국 부녀아동박물관(中國婦女兒童博物館)/ 중국 실크박물관(中國絲綢博物館)/ 베이징복식학원 민족복식박물관(北京服飾學院民族服飾博物館)/ 톈진 박물관(天津博物館)/ 허베이 박물원(河北博物院)/ 한단시 박물관(邯鄲市博物館)/ 산시 박물원(山西博物院)/ 진츠 박물관(晉祠博物館)/ 다퉁시 박물관(大同市博物館)/ 창즈시 박물관(長治市博物館)/ 뤼량 한화상석박물관(呂梁漢畫像石博物館)/ 네이멍구 자치구 박물원(内蒙古自治區博物院)/ 후허하오터시 박물관(呼和浩特市博物館)/ 랴오상징 박물관(遼上京博物館)/ 츠펑시 박물관(赤峰市博物館)/ 우란차부시 박물관(烏蘭察布市博物館)/ 랴오닝성 박물관(辽宁省博物館)/ 선양 고궁박물원(沈阳故宮博物院)/ 뤼순 박물관(旅順博物館)/ 지린성 박물원(吉林省博物院)/ 지린시 박물관(吉林市博物館)/ 헤이룽장성 박물관(黑龙江省博物館)/ 상하이 박물관(上海博物館)/ 쑹장 박물관(松江博物館)/ 자딩 박물관(嘉定博物館)/ 상하이시 진산구 박물관(上海市金山區博物館)/ 난징 박물원(南京博物院)/ 난징 운금박물관(南京雲錦博物館)

쉬저우 박물관(徐州博物館)/ 쉬저우 성지박물관(徐州聖旨博物館)/ 화이안시 박물관(淮安市博物館)/ 전장 박물관(鎮江博物館)/ 쑤저우 실크박물관(苏州絲綢博物館)/ 양저우 박물관(揚州 博物館)/ 한광릉왕묘 박물관(漢廣陵王墓博物館)/ 안후이 박물원(安徽博物院)/ 서우현 박물관(寿県博物館)/ 주연 가족묘박물관(朱然家族墓博物館)/ 저장성 박물관(浙江省博物館)/ 취저우 박물관(衢州博物館)/ 원저우 박물관(温州博物館)/ 뤼안시 박물관(瑞安市博物館)/ 푸젠 박물원(福建博物院)/ 푸저우시 박물관(福州市博物館)/ 푸젠 민월왕성 박물관(福建閩越王城博物館)/ 아모이시 박물관(廈門市博物館)/ 진장 박물관(晉江博物館)/ 장시성 박물관(江西省博物館)/ 난창시 박물관(南昌市博物館)/ 신위시 박물관(新余市博物館)/ 더안현 박물관(德安縣博物館)/ 산둥 박물관(山東博物館)/ 지난시 박물관(济南市博物館)/ 공자 박물관(孔子博物館)/ 칭저우시 박물관(青州市博物館)/ 자오저우시 박물관(胶州市博物館)/ 텅저우시 박물관(滕州市博物館)/ 옌저우시 박물관(兖州市博物館)/ 제국 고성유적 박물관(帝國故城遺址博物館)/ 허난 박물원(河南博物院)/ 정저우 박물관(郑州市博物館)/ 뤄양 박물관(洛阳博物館)

난양시 박물관(南阳市博物館)/ 쉬창 박물관(許昌博物館)/ 카이펑시 박물관(開封市博物館)/ 괵국 박물관(虢國博物館)/ 후베이성 박물관(湖北省博物館)/ 우한 박물관(武汉博物館)/ 징저우 박물관(荊州博物館)/ 중샹시 박물관(鍾祥市博物館)/ 이창 박물관(宜昌博物館)/ 쑤이저우 박물관(隨州博物館)/ 후난성 박물관(湖南省博物館)/ 융저우시 박물관(永州市博物館)/ 리링시 박물관(醴陵市博物館)/ 구이저우성 박물관(貴州省博物館)/ 광둥성 박물관(廣東省博物館)/ 서한 남월왕 박물관(西漢南越王博物館)/ 후먼 해전박물관(虎門海戰博物館)/ 류저우 박물관(柳州博物館)/ 쓰촨 박물원(四川博物院)/ 싼씽두이 박물관(三星堆博物館)/ 청두 영릉박물관(成都永陵博物館)/ 구이저우성 박물관(貴州省博物館)/ 윈난성 박물관(雲南省博物館)/ 리자산 청동기박물관(李家山博物館)/ 티베트 박물관(博物館)/ 산시 역사박물관(陝西博物館)/ 시안 박물원(西安博物院)/ 진시황제릉 박물관(秦始皇帝陵博物館)/ 시안 비림박물관(西安碑林博物館)/ 한청시 박물관(韓城市博物館)/ 량다이춘 예국유적박물관(梁帶村芮國博物館)/ 셴양 박물원(咸陽博物院)/ 첸링 박물관(乾陵博物館)/ 자오링 박물관(昭陵博物館)

마오링 박물관(茂陵博物館)/ 간쑤성 박물관(甘肅省博物館)/ 란저우시 박물관(蘭州市博物館)/ 톈수이시 박물관(天水市博物館)/ 링타이현 박물관(灵台縣博物館)/ 닝샤구위안 박물관(寧夏固原博物館)/ 닝샤후이족 자치구 박물관

(寧夏回族自治區博物館)/ 우웨이 서하박물관(武威西夏博物館)/ 신장 웨이우얼 자치구 박물관(新疆維吾爾自治區博物館)/ 우루무치시 박물관(烏魯木齊市博物館)/ 투루판시 박물관(吐魯番市博物館)/ 하미 박물관(哈密博物館)/ 아커쑤 박물관(阿克蘇博物館)/ 타이베이 고궁박물원(台北故宮博物院)/ 하버드대학교 포그미술관(매사추세츠)/ 메트로폴리탄 미술관(뉴욕)/ 미네아폴리스 미술관(미네소타)/ 로스앤젤레스 카운티 미술관(캘리포니아)/ 보스턴 미술관(매사추세츠)/ 클리블랜드 미술관(오하이오)/ 대영박물관(런던)/ 빅토리아＆앨버트박물관(런던)/ 기메 동양 박물관(파리)/ 정창원(나라)/ 에르미타주미술관(상트페테르부르크)/ 몽골 국립박물관(울란바토르)

상하이 도서관, 허베이성 문물연구소, 산시성 고고학연구소, 간쑤성 둔황 막고굴, 건륭 관리처, 양근(楊勤), 봉채(蓬菜), 하홍매(何紅梅), 우추위(于秋偉), 정원(鄭媛), 양욱(楊旭), 호기택(扈其沢), 동맥영(動脈影), 아시녹석(我是綠石), 풍입송섭영(風入松攝影), 영국 ROSSI＆ROSSI 화랑 및 George Ernest Morrion, 양흥빈(楊興斌), 강남(江南), 아국경(俄国慶), 문화 전파, 윤남(尹楠), 초초(草草), 왕립력(王立力), 해봉(海峰)_FOTOE 이 책의 그림 제공 및 지원을 받았다.

중국 복식사 도감

초판 1쇄 인쇄 2024년 3월 10일
초판 1쇄 발행 2024년 3월 15일

저자 : 류융화
번역 : 김효진

펴낸이 : 이동섭
편집 : 이민규
디자인 : 조세연
영업·마케팅 : 송정환, 조정훈, 김려홍
e-BOOK : 홍인표, 최정수, 서찬웅, 김은혜, 정희철
관리 : 이윤미

㈜에이케이커뮤니케이션즈
등록 1996년 7월 9일(제302-1996-00026호)
주소 : 08513 서울특별시 금천구 디지털로 178 B동, 1805호
TEL : 02-702-7963~5 FAX : 0303-3440-2024
http://www.amusementkorea.co.kr

ISBN 979-11-274-7270-2 03910

Original title: 中国服饰通史 by Liu Yonghua (刘永华)
© Text & Illustrations Liu Yonghua
© King-in Culture 2020
All rights reserved.
Korean translation copyright © AK Communications, Inc.
Korean language translation rights arranged with King-in Culture (Beijing) Co., Ltd. through
Shanghai To-Asia
Culture Communication Co., Ltd. and The English Agency (Japan) Ltd.

창작을 위한 아이디어 자료

AK 트리비아 시리즈

-AK TRIVIA SPECIAL

제2차 세계대전 독일 전차
　　우에다 신 지음 ｜ 오광웅 옮김
　　풍부한 일러스트로 살펴보는 독일 전차

구로사와 아키라 자서전 비슷한 것
　　구로사와 아키라 지음 ｜ 김경남 옮김
　　영화감독 구로사와 아키라의 반생을 회고한 자서전

유감스러운 병기 도감
　　세계 병기사 연구회 지음 ｜ 오광웅 옮김
　　69종의 진기한 병기들의 깜짝 에피소드

유해초수
　　Toy(e) 지음 ｜ 김정규 옮김
　　오리지널 세계관의 몬스터 일러스트 수록

요괴 대도감
　　미즈키 시게루 지음 ｜ 김건 옮김
　　미즈키 시게루가 그려낸 걸작 요괴 작품집

과학실험 이과 대사전
　　야쿠리 교시쓰 지음 ｜ 김효진 옮김
　　다양한 분야를 아우르는 궁극의 지식탐험!

과학실험 공작 사전
　　야쿠리 교시쓰 지음 ｜ 김효진 옮김
　　공작이 지닌 궁극의 가능성과 재미!

크툴루 님이 엄청 대충 가르쳐주시는
　　크툴루 신화 용어사전
　　우미노 나마코 지음 ｜ 김정규 옮김
　　크툴루 신화 신들의 귀여운 일러스트가 한가득

고대 로마 군단의 장비와 전술
　　오사다 류타 지음 ｜ 김진희 옮김
　　로마를 세계의 수도로 끌어올린 원동력

제2차 세계대전 군장 도감
　　우에다 신 지음 ｜ 오광웅 옮김
　　각 병종에 따른 군장들을 상세하게 소개

음양사 해부도감
　　가와이 쇼코 지음 ｜ 강영준 옮김
　　과학자이자 주술사였던 음양사의 진정한 모습

미즈키 시게루의 라바울 전기
　　미즈키 시게루 지음 ｜ 김효진 옮김
　　미즈키 시게루의 귀중한 라바울 전투 체험담

산괴 1~2
　　다나카 야스히로 지음 ｜ 김수희 옮김
　　산에 얽힌 불가사의하고 근원적인 두려움

초 슈퍼 패미컴
　　타네 키요시 외 2명 지음 ｜ 문성호 옮김
　　역사에 남는 게임들의 발자취와 추억